꽃을 세우다

조현숙 수필집

이 책은 서울특별시, 서울문화재단 '2024년 첫 책 발간지원 사업'의 지원을 받아 발간되었습니다.

조현숙 수필집
꽃을 세우다

초판 1쇄 발행 2024년 9월 10일

지은이 조현숙
펴낸이 장길수
펴낸곳 지식과감성#
출판등록 제2012-000081호

교정 이주연
디자인 이현
편집 이현
검수 김지원
마케팅 김윤길, 정은혜

주소 서울시 금천구 벚꽃로298 대륭포스트타워6차 1212호
전화 070-4651-3730~4
팩스 070-4325-7006
이메일 ksbookup@naver.com
홈페이지 www.knsbookup.com

ISBN 979-11-392-2076-6(03810)
값 16,700원

• 이 책의 판권은 지은이에게 있습니다.
• 이 책 내용의 전부 또는 일부를 재사용하려면 반드시 지은이의 서면 동의를 받아야 합니다.
• 잘못된 책은 구입하신 곳에서 바꾸어 드립니다.

지식과감성#
홈페이지 바로가기

작가의 말

사람과 자연의 속내를 읽어내고
그 삶의 내력을 전하는 글이다.
결핍의 시간을 드러내고 채우면서
새롭게 의미를 찾아가는 길이다.
추워도 따뜻해도, 무거워도 가벼워도
묵묵히 한 생을 그려나가는
맨발의 꽃들을 보듬어 세운다.
그렇게 오늘도 활자의 숲을 걸어가겠다.

2024년 8월
조현숙

목차

작가의 말　　　　　　　　　　　　3

1장
종자의 시간

포란	10
풍락초	16
종자의 시간	21
바다의 시간	27
달을 따는 시간	33
피고 지고 다시 움트는	38
숲의 시간	44
비질	50
홍시	55
김밥	59

2장
꽃을 세우다

자반고등어	64
어미 주꾸미	70
꽃을 세우다	77
양치기 할머니	83
웃는 바다	88
탱자	92
현관	97
시어머니의 뜨개질	102
땀내	107
그리움이라는 우물을 채우는 법	114

3장
천변 산책론

항아리의 힘	122
천변 산책론	128
머리카락	133
보리와 덩굴장미	138
오이 할머니의 셈법	144
말하는 은행나무	149
마음 보관소	155
모지랑이 줄	160
손	165
나무의 내력	170
맨발	177

4장
가볍거나 무겁거나

밥	182
폐지 줍는 할아버지	187
당신의 소나무	191
잠	197
집	202
지붕	208
숲을 읽다	214
가락바퀴의 꿈	219
산수유나무 아래서	225
연리지	231
가볍거나 무겁거나	236
수상작 및 발표작	242

1장

종자의 시간

포란

　병실의 밤은 누군가 불을 끄는 순간, 시작된다. 오늘을 파장하는 하늘에서 노을을 쓸어 담은 어둠이 물체와 공간을 한 보자기에 싸안는다. 복도를 구르는 불빛이 문틈 사이로 실뱀처럼 기어들어 온다. 빛을 따라 병상의 모서리들이 각을 풀고 보자기 밖으로 제 몸을 드러낸다.

　엄마는 등에 꽂힌 관 때문에 뒤척이지도 못하고 불편한 채 잠들었다. 그래도 얕은 숨을 푸푸, 뱉어내는 걸 보면 긴장이 풀린 모양이다. 노령의 얇은 몸피로 힘든 수술을 이겨낼 수 있을까, 모두의 난제였다. 괜찮다고 말하면서도 그 어깨는 기울어지고 눈동자는 빛을 잃었다. 살 만큼 살았으니, 지금부터는 덤으로 주어진 삶이라고, 어둠이 세상을 덮어도 새날은 밝아온다고 쉽게들 말하지만 '언제까지나?'라는 물음 앞에 두렵지 않을 자 있을까.

　보호자 간이침대에 몸을 눕힌다. 여섯 개의 병상 아래로 여섯 개의 간이침대가 있다. 이 입원실에서 그걸 사용하는 보호자는 한 명 빼고 다 딸들이다. 통증을 호소하는 엄마를 모시고, 또 병을 알고 나서도 각종 검사를 하느라 수없이 병원을 드나드는 동안 알게 됐다. 아픈 부모님을 모시고 다니는 이들은 대부분 누군가의 딸이라는 걸.

어쩌면 지금 우리는 포란 중이 아닐까. 불현듯 그런 생각이 든 건 내 몸 위에서 엄마의 숨소리가 새근거리기 때문이다. 병상 다리 아래 죽, 누워있는 우리. 탯줄의 근원들을 이렇게 든든하게 품고 있지 않은가. 생명 줄로 이어진 이들이 무사히 알을 깨고 건강하게 세상으로 나가는 모습을 어둠의 보자기에 단단하게 그리는 중이다. 갓난아기인 나를 품었을 젊은 엄마를 상상해 본다. 그때 엄마의 시간은 얼마나 빛나고 고왔을까.

아이는 걸어갈 길을 바라보고 노인은 걸어온 길을 되돌아본다. 아기를 품을 때는 새 생명의 보드랍고 싱그러운 환희와 기대가 있지만 늙은 엄마를 보듬는 일은 소멸에 대한 두려움과 애잔함을 담고 있다. '얼마나 많은!' 가능성에서 '얼마나 더?'라는 한계까지 걸리는 시간은 얼마나 될까. 무엇을 모르고 사는 일이 더 많다면 그건 아직도 내 앞에 남은 시간이 많다는 의미인지도 모른다.

병상 커튼 아래로 누워있는 남자가 보인다. 대장암으로

입원한 옆자리 환자의 남편이다. 남자의 어두운 실루엣이 무섭다. 아무런 관계도 없는 나와 남자가 지척에서 바닥에 나란히 누운 이 상황이 웃기고 이상하다. 혹시 남자와 눈이 마주칠까 봐, 벽을 향해 돌아눕는다. 좁은 침상에서 모로 눕느라 깔린 어깨가 저릿하다. 밤이 되면 빛을 감지하는 눈은 흔들리지만 굴절된 소리는 더 크게 들리는 법. 남자의 숨소리가 차가운 물방울이 되어 내 몸에 똑똑 떨어진다. 남자는 얼마나 더 이 시간을 수행할까. 나는 얼마나 더 이 아득한 시간을 또렷하게 느껴야 할까.

딸이 아니라서, 유일한 남자 보호자라서 그랬을까. 입원실에서 그의 행동거지는 도드라졌다. 아내를 고수련하는 양이 워낙 극진하고 떠들썩해서 그랬는지도 모른다. 다섯 명의 딸들은 남자에게 무척이나 호의적이었고 그는 그런 대우를 받아 마땅해 보였다. 어떤 이유로도 아내의 돌봄을 감당하는 게 쉬운 일은 아니니까. 남자는 아내의 배설물을 처리하고 아내의 자괴감을 끌어안고 아내의 고통을 위로하며 정성을 다했다.

그런 남자와 싸운 건 정말 예상치 못한 일이었다. 환자들의 저녁 식사가 끝나자, 남자는 운동을 시켜준다고 아내를 채근했다. 반면 아내는 통증이 온몸을 관통하는데 오줌주머니를 차고 움직이는 게 싫다고 주저했다. 이들의 실랑이를 구경하던 딸들이 남자 편을 들어 아내를 재촉하자 지지에 신난 남자가 조심성 없이 엄마 병상을 자꾸 쳤다. 그때마다 엄마가 수술 자리를 움켜쥐고 고통을 호소했다. 그래서 작은 목소리로 좀 조심해 달라고 말했던 건데, 남자는 대뜸 소리부터 질렀다. 환자를 돌보다 보면 건드릴 수도 있는 거 아니냐고 벌컥 화를 냈다. 그렇게 사근사근하고 유쾌하던 사람이 맞나 싶었다. 너무 의외의 반응이라 내 말이 잘못 전달됐다고 생각해서 설명을 보탰다. "엄마가 좀 전에 수술을 마쳐서 침대가 흔들릴 때마다 충격이 온다고 하니 조금만 조심해 달라는 겁니다." 남자가 다시 소리를 질렀다. "내 참, 병상 좀 친 거 갖고 항의하면 같은 병실에 못 있지." 그쯤 되자 따지는 내 언성도 곱지 않았고 남자도 눈을 부라리며 당장 치기라도 할 기세로 다가왔다. 엄마가 내 팔을 잡고 그만하라고 고개를 저었다. 그 과정에서 다른 보호자들은 숨죽인 듯 조용했다. 어이없었지만, 도리 없는 일이었다.

언젠가 TV에서 금계 수컷이 포란하는 영상을 본 적이 있다. 금계는 자연 포란을 거의 안 한다는데, 그것도 수컷이 포란을 하니 기이한 일이었다. 더 놀라운 건 볏이 늘어지도록 3주 넘게 정성을 다해 알을 품었던 수컷이, 정작 새끼가 알을 깨고 나오니까 물어뜯어 죽여버린 일이었다. 동물 전

문가는 수컷이 자기도 모를 어떤 본능에 이끌려 알을 품었지만, 막상 새끼에게 무얼 어떻게 해줘야 하는지는 몰라서 빚어진 일이라고 설명했다.

웅크린 남자에게서 그 수컷 금계가 떠오른 것은 왜일까. 남자의 지극정성이 끝까지 가지 않고 언젠가 아내를 물어뜯는 일이 벌어지면 어쩌나, 그런 기우도 뜬금없긴 마찬가지다. 남자는 어떤 연유로 아내를 저리 품고 있는 걸까? 아니, 부부 사이에 무슨 이유가 필요할까. 수상쩍게 남자를 바라보는 내가 이상한 거지.

고수련의 밤이 깊어간다. 이 밤은 하루의 수고와 소란을 멈춘 평화와 안식의 시간이 아니다. 어쩌면 남자는 너무 힘들었던 게 아닐까? 병실에 모인 여자들의 극진한 눈빛도 그에게는 또 다른 짐이 된 건 아닐까? 사실은 울고 싶은데, 누구라도 붙들고 하소연하고 싶은데, 늠름하고 다정한 남편이어야 하는 게 너무 힘들어 터질 것만 같은데, 때맞춰 내가 걸려든 건 아닐까? 누군가를 온전하게 품는 일은 사랑이라는 이름만으로, 가족이라는 명분만으로, 인간이라는 도리만으로 감당할 수 있는 일이 아닌지도 모른다. 지리멸렬한 시간이 언제까지나 지속될지도 알 수 없다. 품고 또 품었다가 어느 순간 자신을 지탱하고 있던 끈끈한 그 무엇이 툭 떨어져 버릴지도 모를 일이다.

실뱀처럼 가늘고 차가운 빛이 내 가슴을 쓱, 훑고 지나간다. 음, 으음, 엄마가 잠결에 앓는 소리를 낸다. 벌떡 일어나 한쪽으로만 누워야 하는 엄마의 저린 어깨를 가만가만 쓸어준다. 가슴을 훑던 차가움을 떼어내고 포란의 깃을 포근하게 펼친다.

풍락초

 통유리창 하나 가득 바다가 출렁거린다. 너울이 갯바위를 칠 때마다 하얗게 메밀꽃이 일어난다. 물머리를 세우며 덤벼드는 파도에도 아랑곳없이 높직한 갯바위에서 한 여인이 풍락초를 건지고 있다.

 3월의 바람이 드세기도 하다. 바다를 보겠다고 달려왔다가 갈퀴를 세우고 덤벼드는 소소리바람에 도망치듯 들어온 카페다. 뜨거운 바다의 내력이야 한잔 커피에 담아 마시면서 느긋하게 조망하리라, 그렇게 생각했다. 저 여인을 보기 전까지는.

 낭창낭창, 대나무 장대가 바다를 더듬는다. 몇 번의 헛손질 끝에 여인이 미역 올을 건진다. 장대를 흔들어 갯바위 바닥 한편에 미역을 떨구어놓는다. 거친 바위에 따개비처럼 붙어 선 여인의 발아래로 바다 물결이 쉼 없이 굼실댄다. 깔밋하게 여며 입은 무채색의 차림새에, 손에 낀 분홍 고무장갑이 도드라져 보인다. 파도에 떠밀려 오는 미역을 향해

바투 잡았던 장대를 길게 늘이느라 여인의 허리가 직각으로 구부러진다. 꽃샘바람이 등짝으로 쏟아지는 빛살 한 줌을 날려버린다.

봄꽃 향기 피어나는 삼월이면 갯마을 사람들은 꽃 대신 짬에서 돌미역을 딴다. 해녀들이 싱싱한 미역을 베어 망태기에 담아 밧줄에 매달아 놓으면 어촌계원들이 끌어내서 계원별로 노느매기한다. 마을 사람들도 까꾸리라 불리는 대나무 장대를 들고 풍락초를 건지러 앞바다로 나간다. 바람이 한바탕 바닷속을 뒤집어 놓을 때, 파도에 뜯겨 떠밀려오는 미역을 건지면서 영덕, 울진 갯마을 사람들은 "풍락초를 건진다"라고 한단다. 미역밭의 미역은 그 마을의 어촌계원들만 딸 수 있지만 떠다니는 미역은 이웃들에게도 허락된 인정이고 나눔이다.

뜯어낼 수 없는 삶의 지문처럼 바닷바람은 연신 여인의 몸을 훑는다. 떨어질 듯 위태로워 보이지만, 온 생이 그 자리였던 듯 여인의 태는 여일하다. 장대 끝에 미역이 걸린다. 여인이 깊숙이 몸을 구부려 한 생을 건진다.

짬에 단단하게 발을 붙인 미역들이 거친 파도에 휩쓸리면서 이리저리, 흔들흔들 춤을 추고 있다. 물속 깊이 뻗치는 햇살에 키를 키우고 머리채 잡아 흔드는 너울에 시퍼렇게 멍도 키우면서 몸피를 불렸을 것이다. 바람이 불지 않는다고 파도가 치지 않을까. 때로는 굼뉘에 곤죽이 되면서도 어기차게 뿌리내린 생의 이야기를 치렁치렁 풀어놓았다. 그런데 어쩌다 풍락초가 되었을까.

  싹쓸바람은 온종일 거친 망나니 춤을 추어대며 온 집안을 난장으로 만들었다. 열심만으로는 안 되는 삶의 속성은 거품을 물고 달려들었다. 달아나야 하는데 그 자리에 뿌리내린 발을 꼼짝할 수 없었다. 내 의지와 상관없이 춤을 추고 있었다. 여기서 떠밀고 저기서 떠밀어 대는 너울을 따라 미친 듯이 흔들렸다. 어디서부터 잘못됐을까? 호호탕탕 푸르른 저 바다, 아낌없이 내주고 끊임없이 품어주리라 믿었던 바다에서 어쩌다 우리는 길을 잃은 걸까? 난장은 기어이 난파선을 만들고야 끝이 났다. 아무 일 없었다는 듯 그 바다는 더없이 푸르고 고요했다.

  엄마라는 배는 부서져도, 침몰해도 걸어서라도 바다를 건너간다. 속수무책 떠다니는 가족의 맨발을 거둬 어느 갯바위 한 귀퉁이에 다시 심었다. 생전 와본 적 없는 그곳에서도 아이들은 연한 녹색의 싹을 틔우며 자랐다. 희붐한 갓밝이에 눈을 뜨면 아슬아슬한 새날이 너울처럼 무거웠지만 빛살 한 줄기를 부여잡고 허리를 폈다. 온몸에 촉수처럼 뻗친 미역귀를 가지고도 세상의 수군대는 소리를 듣지 않았다. 소리의 기억도, 근원도 되짚지 않았다. 따져 물으면 검푸른 낭떠러지를 건너지 못한다. 그저 세상이라는 바다의 한 귀퉁이를 낚았다. 짜고 쓰고 눅눅한 바람을 견디면서 세상의 이삭들을 주웠다.

저 여인도 미역밭 하나 나눠 가지지 못한 무명의 섬이었을까. 짬에서 떨어져 나와 허허바다를 정처 없이 떠돌다 이제야 저 거친 갯바위에 맨발을 세운 걸까. 발목이 잘린 미역 한 줄기가 여인의 손으로 들어온다. 좀처럼 불어나지 않을 것 같던 미역 올들이 바위 위에 차곡차곡 쟁여진다. 살아있는 것들이 살아내기 위해 수행하는 행위는 장하고 눈물겹다.

이제 여인은 이삭 같은 풍락초를 갈무리해서 해풍과 햇살에 말릴 것이다. 풍랑의 시간을 견뎌냈던 누덕누덕한 생들은 서로 얼싸안고 햇살을 당겨 바짝 마를 것이다. 곧은 등뼈의 꿈으로 잘 꿰여 어연번듯한 해산미역으로 거듭난다면 어느 어미의 바다에서 어기차게 뿌리를 내리리라. 아니, 날것 그대로 오늘 저 여인의 쥐코밥상에서 푸른 이야기가 되어도 좋겠다.

문득 여인이 고개를 젖혀 하늘을 본다. 뻐근한 허리를 펴고 섬처럼 흐르는 구름을 보는 걸까. 여인의 꼭뒤와 내 얼굴이 창에서 만난다. 보이는 사람과 보는 사람 사이에 경계가 허물어진다. 생존의 바다와 완상의 바다가 하나가 된다. 각다분한 춤의 곡절이야 다르겠지만 삶을 이어가는 곡진한 몸짓이야 다를 바 없다.

미역들이, 풍락초가 얼쑤 한바탕 춤을 춘다. 포효하는 파랑의 소리면 어떠리. 부드러운 해조음이면 더 좋다. 장단 맞춰 추는 춤은 비린내 나는 삶이어도 말갛게 씻어내고 꾸덕꾸덕 말려가며 또 하루의 뼈대를 세우는 우리의 이야기다.

세상의 어미들은 바람의 계획 같은 거, 파도의 음모 같은 거 따지지 않는다. 이슬 시간이어도, 한 오백 년이어도 주어진 만큼 장대를 던지고 돌리며 풍락초를 건진다. 한 생을 건지고 부려놓고 다시 세우면서 오늘의 서사를 엮어간다. 한겻이 되도록 나는 여인을, 여인은 바다를 향해있다.

종자의 시간

　햇살이 하루를 깁고 있다. 분주한 도시에 너볏하게 들앉은 채종답採種畓은 묵묵히 써 내려간 붓을 거두고 빈 몸체이다. 논바닥을 훑던 까치들이 쌍쌍이 허공에서 만났다가 떨어지고 다시 만난다. 퍼덕거리는 날개로 성급하게 봄을 부른다.

　바람의 허밍에 햇살이 낮게 출렁인다. 질주하는 속도도, 번잡하게 엉키는 소음도 이곳에선 휴지와 묵언으로 스며든다. 때를 쫓아가는 것도, 때를 기다리는 것도 동질의 빛과 시간 속에 있지만 같이 흐르지 않는다. 화려한 문장이 아니다. 볍씨의 시간은 더디고 질박해도 시절이 되면 기어이 제 빛깔의 문장을 보여준다.

　늘 마음이 조급했다. 뭔가에 화가 나고 치밀어 올랐다. 아무리 절박해도 열심만으로는 손에 잡히지 않는 결과에 지쳤다. 꽉 막혀 내려가지 않는 응어리가 가슴을 쪼개는 것 같았다. 숨통을 틔우려고 쏘다니다 만난 도시의 들판이 기묘했다. 넘치고 급하고 수선스러운 소용돌이 속에 고요하고 아늑한 시간이 차란차란 담겨있다. 이곳에 서면 바람은, 태양은, 흙내는 온통 날것으로 내 속을 휘돌아 훑었다. 그러면 나한테서도 새물내가 나는 것 같았다.

　스치듯 지나가는 걸음에도 참새 떼가 화르르 날아오른다. 바람에 쓸리는 가랑잎 같다. 새들이 깃들었던 잡목 덤불이 마른 잎을 파들거린다. 성깔 있는 까치들은 가까이 갈 때까지 앙버티다가 마지못한 듯, 두 발로 콩콩, 조금씩 길을 비킨다. 흙구덩이에 고개를 박고 있던 비둘기들이 빛살을 안고 일제히 날아올라 건너편 논배미로 간다. 드문드문 서있는 백로가 처연하다.

　종자의 시간은 지금부터가 아닐까. 날마다 떼 지어 모여드는 새들이 논바닥에 부리를 박고 땅을 흔들어 깨운다. 사시랑이 발로 흙을 차고 두드려 바람길을 낸다. 놀란 벌레들이 흙덩이로 숨어들며 포슬포슬 숨을 불어 넣는다. 논두렁에서 얼어가는 만큼 살아있는 흙으로 만들어놓는다.

　겨울 오후 4시의 해는 예각으로 빛살을 긋는다. 동지를 지나면서 조금씩 각의 크기를 늘려 한동안 가슴에서 만나던 햇살이 어깨로 쏟아진다. 벼그루터기를 안고 혼곤한 겨울잠에 취해있는 흙덩이를 슬며시 지르밟아 본다. 축축하고 흐벅지고 싱싱하게 흘러넘치던 땅은 그 몸에서 나고 거둔

것들을 내보내느라 지친 삭신을 뒤척인다. 퍼석거리면서도 푹신하다. 세상의 입들을 먹여 살리느라 조금씩 닳아지면서도 살아있는 것들의 기운으로 따뜻하게 차오르고 다시 생기를 찾아가는 중이다.

이 도시의 논은 그 아래 무엇을 숨기고 있을까? 뭇 생명의 씨앗들은 땅속에서 무슨 일을 벌이고 있을까? 그렇게 기대하면서 지난겨울, 날마다 오후 4시를 이곳에서 보냈다. 아무 일도 일어나지 않았다. 그런데 신묘했다.

논바닥 엉그름처럼 쩍쩍 갈라진 내 목마름도 언젠가 이렇게 맹렬하게 피어날까? 어느 순간, 아무 일도 없던 논둑이 푸른 봄까치꽃으로 뒤덮였다. 노랗게 민들레가, 뽀얗게 냉이가 피어났다. 제비꽃이, 토끼풀이, 쁘리뱅이기 논틀길의 나를 비틀거리게 했고 흔전만전 퍼진 쑥은 주저 없이 주저앉게 했다.

환하면서도 어쩐지 슬프기도 한 봄이었다. 때때로 죽은 새의 깃털이 논두렁에 흩어져 있고 개똥이 뒹굴고, 다리가 절단된 개구리의 사체가 말라갔다. 그런 날이면 까마귀가 낮게 날고 도마뱀이 튀어나올 것 같아 장딴지가 땅겼다. 들짐승이 만든 크고 작은 구멍에도 햇살이 고이고 바람이 들락거렸다.

일꾼들은 논을 뒤집어 땅심을 채웠다. 햇빛이 널뛰는 못

자리가 김 양식장처럼 검푸르게 반들거렸다. 사름이 시작되고 생생하게 초록을 세운 벼들은 백옥찰, 무복토, 다솜쌀, 일품 등의 머리말과 파종 5.16, 이앙 6.15 같은 숫자를 명찰로 달고 바람에 흔들렸다. 여름밤이면 그악스럽게 울어대는 개구리 소리에 양수기 물소리가 장단을 맞췄고 도시의 휘황한 불빛이 물꼬에 부스러기 그림자를 만들었다. 초승달이 반달로, 보름달로 익어갔다.

가을이 채 여물지 않은 어느 날, 군데군데 벼를 베어낸 논바닥이 아이의 버짐 핀 머리통을 하고 있었다. 농사를 몰라도 수상쩍었다. 낫을 들고 있는 한 아저씨에게 다가가 물었더니, 그걸 또 비밀이라며 입을 다무는 게 아닌가. 무안해진 내가, 혹시 젤 좋은 벼를 젤 먼저 골라서 높은 사람에게 갖다주려는 거냐고 되물었더니 그제야 웃으며 말했다. 품종별로 우량종자 상태를 살피기 위해 논배미마다 조금씩 먼저 수확하는 거란다. 가을이 되도록 여전히 빈손인 나는, 누구의 화급한 욕심 때문이 아니라 모두의 일용할 양식을 위한 일이라는 게 안심이 되었다. 밥 먹는 사람들은 갈수록 줄어드는데 쌀을 수입하고 또 한쪽에서는 우수한 미질 개량을 위해 채종하고 보급하고 있다. 누구는 화급한 오늘을 살고 누구는 다가올 내일을 준비하는 것이다. 나의 종자의 시간도 더디게 흐를 뿐, 시절이 되면 거두게 될 거라고 스스로 다독이며 돌아섰다.

  발밑에 쓰러졌던 잡풀이 부스스 몸을 일으킨다. 갈변한 초록을 굳게 보듬고 논두렁에 깊이 뿌리내린 채 강풍을 견디는 로제트 잎들이 둥글게 터를 넓히고 있다. 머지않아 이곳에는 아파트가 들어서고 상가가 형성되고 대로가 생길 것이다. 그때도 이 땅은 수굿하게 받아들일 것이다. 사람들의 삶의 터전이 되어, 가장 밑바닥에서 뿌리가 되어줄 것이다. 오늘도 논두렁 옆에서는 매연이 날리고 경적이 울리고 욕지거리가 들리고 새 건물이 들어서고 아파트가 올라간다. 그래도 땅은 잠잠히 늙고 낡아가며 세상을 기르고 배불리 먹일 궁리를 하고 있다.

  싹둑싹둑 잘린 볏짚들이 논흙을 덮고 있다. 풀내가 난다. 쇠죽 내 같기도 하다. 기억이 전해주는 냄새다. 길섶에 뒹구는 벼 이삭을 주워서 들여다보니 쭉정이다. 손톱으로 낟알을 까보려고 했던 적이 있다. 알갱이를 감싼 낟알의 투지가 내 손톱으로는 어림없었는데 용케도 새들의 입으로는 들어간 걸까. 혼자 뿌리내리고 피어나고 영그는 수고로움에 깃든 외로움을 생각한다. 땅심이 해와 달빛과 비바람과 어우러져 우리의 밥심을 키워줬던 시간을 바라본다.

  5시 반에 바투 선 겨울 해가 오늘의 마지막 빛을 뿌린다.

그 순정한 햇덩이에서 나오는 빛살은 한 오라기 허투루 날리지 않고 뜨뜻하게 흙을 비춘다. 땅도 가슴을 열어 빛살을 남김없이 담는다. 이윽고 빛은 한순간, 툭 떨어져 땅에 잠긴다. 살아있는 것들이 부스럭거리는 곳으로.

아득한 시원으로부터 저벅저벅 걸어와 이곳에서 다시 피어날 시간을 기다리고 있는, 여전히 살아있는 것들이 장하다. 세상을 돌아오던 바람이 흙과 씨앗을 건들며 건네줬을 탄생과 소멸의 이야기, 푸르스름한 동살이 환하게 내려앉으며 보여주던 숨탄것들의 흔적과 서사, 흙빛을 객토하고 촘촘히 글씨를 뿌리던 시간, 연두의 밑그림에 초록을 더하고 볼품없는 꽃에 열매도 달아주면서 붓질은 더 누런빛으로 익어가는 한 생을 그렸다. 이제 논두렁은 통속의 하루를, 어제에 덧댄 오늘과 내일의 서사를, 발걸음을, 숨결을 품고 있다가 새봄이 부풀어 오르면 재채기처럼 터뜨릴 것이다.

내 키보다 더 기다란 접시꽃 대가 허공에 허리를 곧게 세우고 있다. 꽃과 이파리, 씨앗까지 다 떠나보내고 한 모라기 바람 따라 낭창거린다. 쓰러져 땅에 눕지 않고 그 뿌리에 봄을 보듬고 있다. 겹겹으로 껴입고도 추운 나는 접시꽃 마른 뼈에 코를 대고 내 영혼의 허기를 채운다. 조급증을 벗어던지면 저 먼 곳 봄의 소리가 들릴지도 모른다.

바다의 시간

봄날, 강구항의 오후는 나른하다. 바다가 내준 것들을 한바탕 쏟아낸 배들이 시린 삭신을 삐거덕거리며 숨을 고르고 있다. 배부른 갈매기들도 뱃머리 위에서 한가롭다. 저만치 방파제 끝자락의 등대 주변만 대형 건설 장비들의 움직임으로 분주하다. 난전 상인에게 물어보니 항을 넓히느라 모래를 퍼내는 중이란다. 바다는 속도 없이 그렇게 내어주는데 사람들은 뭐가 또 모자라서 저렇게 항을 넓히고 수심을 키우는 걸까?

명주바람이 바다를 흔들 때마다 청록의 물결이 금실금실 일어난다. 구름 뭉치들이 섬처럼 둥둥 떠다닌다. 봄날의 푸짐한 빛살이 은빛 물비늘로 출렁거리고 바다가 하늘과 한몸이 되어 경계가 흐릿하다. 바람을 타고 바닷새 몇 마리가 유유히 흐르고 있다.

사계절 내내 배가 시리다. 헛헛해서 한여름에도 배에 두 손을 얹고야 잠이 온다. 아이들이 빠져나간 배는 늘 그렇게 차고 시리다. 나는 세상 어미들의 아랫배는 다들 조금씩 그럴 거라고 여긴다.

저 바다도 때때로 그러지 않을까? 항구를 끼고 들앉은 위판장마다 만선의 배가 부려놓은 그 많은 물고기며 대게, 오징어들. 뿐인가. 치열한 삶의 흥정을 알기에 아낌없이 내어주느라 저 바다인들 그 배가 헛헛하고 시리지 않을까? 바람이 바닷물을 밀고 물결을 일으키면서 바닷속을 뒤집어 놓을 때마다 파도가 만드는 메밀꽃은, 바다가 시린 배를 움켜쥐고 뒤채며 흘리는 눈물이 아닐까? 새들이, 사람들이 갯벌의 밑창까지 박박 긁어 갈 때도 뒷짐 지고 짐짓 물러났던 바다지만, 제가 보듬고 키워서 내보낸 것들이 그리울 때면 물막잇둑만 시퍼렇게 쳐대며 깊은 탄식은 또 얼마나 뱉어냈을 것인가.

미역 갈무리를 끝낸 동생이 오라고 손짓한다. 뭍에 벚꽃이 피기 시작하면 동생네 마을 사람들은 꽃 대신 미역 따러 간다. 몇 년 전, 동생네가 영덕으로 부임해 갔을 때, 첫날 한 일이 한가득 쌓인 치렁치렁한 미역을 다듬는 일이었다. 생각지도 못한 상황에 쩔쩔맸지만, 노느매기한 모가치만큼 해야 한다는 이웃 여인네의 말은 꽃샘바람처럼 매웠단다. 첫여름에는 태풍이 숫제 집을 삼켜버릴 듯한 기세로 창을 두들겨대고 기어이 꽉 닫힌 문을 뚫고 들어와 난장을 만들어버리는 통에 바다에 어깨를 겯고 살아야 하는 현실이 무서웠단다. 그러나 이제는 조금씩 바다의 이력을 읽어내며 바닷가 사람이 돼가고 있노라고 말하는 동생에게선 싱싱한 날것의 냄새가 난다. 다듬어진 미역을 발에 널고 나면 그다음은 햇발과 해풍의 몫이라고 푸지게 웃으며 건네는 해산미역을 한 아름 안고 돌아오는 길, 따뜻하고 배부르다.

　미역을 불려 바다를 불러오고 전복에 딸려온 손톱 같은 바다도 조록, 받아놓는다. 소금꽃처럼 짜고 앵돌아졌던 시간이 들통에서 부들부들 풀리는 동안 나는 강릉의 바다를 떠올린다. 서울에 사는 아들은 잘 다니고 있던 직장이 통폐합되면서 갈림길에 서게 되었다. 설상가상 수술을 받은 며느리도 재발 확률이 높아 하루라도 빨리 아기를 가져야 할 상황이라고 했다.
　아들은 오랜 고민 끝에 강릉의 한 일터로 갔다. 출장길에 보았던 강릉의 바다가 자꾸 머리에 그려지더라면서. 이유치곤 군색하다 느꼈는지 아들의 목소리가 잦아들었다. 왜 모르랴. 번잡스러운 인간관계며 사회생활이 얼마나 큰 복장거리였을지. 복닥거리는 등쌀에 치이다 바라본 허허바다인데 왜 가슴에 담지 않겠는가.
　어깨가 축, 처져서 돌아서는 자식의 등짝만큼 애잔한 게 있을까. 그 등에 꽂혔던 시린 시간이 나목의 삭정이처럼 후벼 파던 아픔도 이제 다 지나가고 신록처럼 푸르른 시간이 튼실하게 뿌리내린 줄 알았는데. 풋풋한 아들 내외, 하고 싶은 것, 해야 할 일이 너무 많아 자투리 시간도 아까워하던 그들인데, 이제 거침없이 나아갈 일만 남았다고 여겼는데 느닷없이 드리워진 짙은 해무는 아이들의 길을 지우고 세상을 지운 듯해서 온몸이 저릿저릿했다.

한동안 섣부른 위로를 눌러 참고 있다가 남편과 함께 강릉으로 갔다. 걱정했던 것과 달리 아이들은 담담하고 편안해 보였다. 그들은 틈날 때마다 남항진 해변으로 간다고 했다. 바다가 들려주는 해조음이 너무 좋다고. 마음이 그렇게 편할 수가 없다면서 우리를 잡아끌었다. 해변 모래사장에 접이식 의자를 놓고 파도가 하얗게 물머리를 세울 때마다 조금씩 의자를 뒤로 밀어내며 아들과 며느리는 내내 허허바다를 보고 파도 소리를 듣고 있었다.

슬플 때면 해 지는 것을 보려고 하루에 마흔네 번이나 의자를 물리던 어린 왕자처럼, 좋아하는 책을 보기 위해 창으로 드는 햇살을 찾아 온종일 상을 옮겨가며 책만 보는 바보, 이덕무처럼. 그네들은 슬픔을 견뎌내고 좋아하는 것을 찾기 위해 열심히 파도를 밀고 당기는 중이었다. 바다와 마음을 주고받는 그 시간과 공간에서 그들만의 꿈과 우주를 담아내려고 치열하게 준비하고 있었다. 한바탕 풍랑이 지나간 바다의 고요함을 통해 세상의 파랑 또한 지나간다는 것도 배웠으리라. 바다는 그런 그들을 위무하고 새로운 길을 열어준 걸까?

선물처럼 아기가 왔다. 강릉으로 간 지 반년, 아들이 눈시울을 붉히며 아이 소식을 가져왔다. 그네들이 가정을 꾸린 지 4년, 한 번도 내 입으로 아기를 말한 적도, 마음속으로라도 애태우지 말자 했는데, 초음파 사진을 보는 순간 눈물과 웃음이 동시에 터졌다. 어떤 상황에서도 기운을 내서 헤쳐나가자는 의미로 진작에 기운이라는 태명도 지어놨다니, 얼마나 아기를 기다리고 있었는지 그 마음이 읽혔다.

아기와 잠깐 풋잠을 자고 난 며느리가 뽀얗게 우러난 미역국을 먹는다. 미역, 전복, 톳으로 만든 소금까지 바다의 태생들이 서로 어우러져 시원하게 목을 타고 내려간다. 바다는 그렇게 자신이 내보낸 생명체들로 세상의 또 다른 생명을 먹여 살리고 있다.

엄마의 바다에서 뼈와 살을 단단히 하고 몸통을 키우면서 열 달을 헤엄쳐 세상의 바다로 나온 아기가 제 어미의 품에서 새근새근 자고 있다. 엄마도 그랬을까, 엄마의 엄마도 그랬을까? 내 자식의 아기는, 내게 순정한 사랑을 다시 알게 해준다. 아직 내 사랑이 모자라고 이기적임을 깨우치

게 하는, 그래서 사랑의 본질에 더 깊이 들어가고 더 넓게 통찰하게 만드는 또 하나의 작은 우주! 이 순연한 우주의 질서를 바라보는 가슴이 뻐근하게 벅차오른다.

  그래서 바다는 그런가 보다. 시린 배를 움켜쥐고도 끝없이 퍼주고 다시금 그 속살에 생명을 키우고 있는 바다의 시간을 더듬는다. 아기를 보는 아들의 입이 자꾸만 벙싯거린다. 나도 따라 벙싯거리고 증손녀를 보는 늙은 엄마의 입도 벙싯거린다. 그리워도 시려도 아파도 제 바다에서 나온 것들이 또 다른 생명을 이어가며 살게끔 보듬어 위무하는 기꺼움. 그래서 그럴 것이다. 바다는, 어미들은.

달을 따는 시간

남실바람이 불 때마다 겨자색으로 물든 느티나무 이파리들이 후두두 떨어진다. 한때 푸르른 그늘을 만들어주었던 나무 아래로 아이들이 낙엽 비를 맞으며 지나가는 시월의 끝자락, 우리는 김 선생님 집으로 향했다. 새봄에 만나 겨울이 다가오도록 바쁜 일상에 종종걸음치느라 한 번도 오붓한 시간을 나누지 못했던 3학년 담임들을 위해 선생님이 팔을 걷어붙이고 마련한 자리였다.

몇 년 전 월항리에 터를 잡은 선생님 집은 누런 들판을 앞자락에 두고 우람한 감나무 아래 얌전하게 들앉아 있다. 담벼락에 그려진 세 편의 벽화 시는 주인의 낭만적 성향을 드러내고, 뒤란의 작은 텃밭과 앞뜰의 꽃밭은 또 어찌나 정갈한지 분홍색 바늘꽃을 닮은 안주인의 바지런함이 한눈에 묻어난다.

선생님의 오랜 지인들도 먼저 와있다가 우리를 반겼다. 조촐한 막걸리 파티와 작은 음악회를 책임질 수태골 삼총

사라고 한다. 자식 키우는 것과는 또 다른 인생의 참맛이라며 자랑하시던 손자 아기가 어른들 틈에서도 낯가림 없이 순하게 아장거리며 정겨운 풍경을 만들고 있다.

학교가 아닌 곳에서 서로 다른 분야의 사람들과 만나 나누는 이야기는 다양하고 즐거웠다. 노벨문학상에 대한 소견을 시작으로 천체 사진과 주말 음악 봉사활동이며 옛날의 교사상, 들꽃이야기, 야외에서 만드는 아롱사태 수육 요리법까지 웃음과 대화가 끊이지 않았다. 쌀쌀한 바람이, 알싸한 청양고추가 등줄기를 서늘하게도 했지만, 안주인이 쉬지 않고 내오는 푸짐한 음식이 등과 배를 따시게 했고 삼총사들의 투박하고 정감 어린 연주가 마음도 말랑말랑하게 풀어줬다. 정년을 앞둔 교감 선생님이 수십 년 교직 생활에서 경험한 수많은 만남 중 손꼽힐 정도로 색다른 자리이고 의미 있는 시간이라 하시자, 얼큰해진 집주인 선생님이 그 자리에서 바로 우리에게 이 만남의 평생 회원권을 발급하셨다.

"와! 저것 봐." 불현듯 들리는 누군가의 탄성에 올려다보니 보름달이다. 하늘 나그네를 위해 남겨둔 홍시 몇 개를 빼고는 잎과 열매를 다 떨어뜨린 감나무에 크디큰 보름달이 한가득 걸려있다. 다 비워낸 감나무는 그 무엇보다 풍성한 가을을 품고 있었다.

문득 초임 시절, 시골 자취방 창호 문으로 비치던 감나무

무성한 잎이 떠올랐다. 가을 빛살에 반들거리던 감나무 이파리들이 혼자 잠드는 방 창호지에 과장된 그림자를 만들어댈 때면 무서움과 그리움으로 잠들지 못해 뒤척이곤 했던 게 엊그제 같은데 이제 나도 사랑했던 이 시간을 놓아야 할 때가 되었다. 하지만 과연 아이들을, 학교를 놓을 수 있을까? 아이들이 없는 시간을 내가 잘 견뎌낼 수 있을까? 뭐라 확실하게 규명할 수 없는 감정 덩이가 울컥 치밀어 오른다.

너무나 일만 하며 살아온 세월이라 이제는 자유롭게 시간을 부리며 살 것이라고, 호기롭게 말하는 교감 선생님의 열변이 귓전을 때리고 있지만 나는 학교를 떠났다가 다시 돌아와서인지 이 시간이 참으로 감질나고 아이들에 대한 짝사랑을 내려놓기가 힘들다.

하지만 알고 있다. 저 감나무에 지금 잎이 무성하다면 달이 가려져 보이지 않았을 것이다. 때를 알고 다 비워냈기 때문에 저렇듯 깊고 큰 보름달을 품을 수 있는 것이다. 잘 알면서도 욕심을 부리고 인연의 끈을 쉽게 끊어내지 못한다. 내 비록 나이 먹었지만, 늘 푸르게 피워내는 나무처럼 나도 세월을 품어온 만큼의 사려 깊음과 원숙미로 아름다운 꽃을 피우고 달콤한 열매를 맺을 수 있다고 우기는 건지도 모른다. 욕심이 지나치면 독이 되어 쓴 열매를 맺게 할지도 모르는데 말이다. 인내하고 희생하면서 새봄을 준비하는 나무의 마음도 읽을 줄 모르면서 아이들의 마음결을 살피겠다고 움켜쥐고, 나만이 튼실한 열매를 쥐여줄 것처럼 바쁘게 설치기만 한 것은 아닐까? 이제야말로 내 안의 열매와 잎을 떨궈 기꺼이 거름으로 돌아가서 누군가의 몸통에 새로운 싹을 틔워야 할 때가 아닐까?

갑자기 교감 선생님이 어깨를 툭 치신다.

"뭘 넋 놓고 있어요? 달 보고 감탄만 할 게 아니라 사진도 찍고 그래야지. 혼자만 멍하니, 이거 국어 선생님 감정이 너무 메마른 거 아닌가?"

"저는 벌써 가슴에 찍어놨답니다."

"이건 또 뭔 소리! 사진으로 찍어서 확실하게 남겨야 감동도 간직되는 거지."

"보름달도, 초승달도 다 따서 담았기 때문에 사진 안 찍어도 돼요."

티격태격하는 국어과 늙은 여교사와 과학과 교감 선생님 때문에 함빡 웃는 일행들의 웃음소리가 해바라기씨처럼 알알이 쏟아진다.

깊어가는 월항리의 가을밤, 주인장의 색소폰 음률이 어깨까지 따스하게 찰랑인다. 처음 만난 이들은 늘 그 자리에 있었던 것처럼 편하게, 함께했던 우리는 서로의 향기를 새롭게 느끼면서 시나브로 서로에게 녹아들고 있다. 이 시간이 지나면 이제 우리는 각자의 길을 갈 것이다. 남겨진 사람은 그 자리에서 더욱 단단하게 여물어갈 것이고 다른 세상으로 나가는 사람은 그곳에서 또 푸른 씨눈으로 새싹을 틔울 것이다. 아마도 이 첫 만남은 마지막 만남이 될 것이다. 그래도 먼 시간이 흐른 후 우리가 떠올릴 시간 속에 아름다운 기억으로 공유될 것임은 밤하늘의 별처럼 분명하다. 이 밤 우리가 오롱조롱 쏟아놓은 감정들은 햇볕 짱짱한 아침이면 날것으로 떠올라 어쩌면 우리는 홀로 민망할지 모른다. 하지만 나이가 들어도 여전히 냉철하게 감정을 추스르지 못하는 이 어정쩡하고 서툰 인간미들이 나는 좋다.

"흐르는 물과 같이 옛사람은 사라졌지만, 함께 보는 달은 변함없다네." 이태백의 〈파월문월(把月問月)〉의 한 구절처럼 오래오래 오늘의 달을 기억할 것이다.

누구는 사진으로, 누구는 가슴으로, 또 누구는 적바림으로 그렇게 각자의 방식으로 따서 가슴에 품은 보름달이 모두의 어깨 위로 다정하게 흐르고 있는 밤, 가을에 취하고 음악에 취하고 사람에 취한 교감 선생님은 별자리를 찍으러 새벽 출사를 해야 하는데 자꾸만 갈지자로 발이 꼬이고 있다.

피고 지고 다시 움트는

 성주 친정으로 가는 길이었다. 산 중턱에 걸터앉은 안개를 마주 보며 한참 달리던 그날 아침, 늘 가던 그 길이 홀연 신비롭다는 생각이 들었다. '세종대왕자 태실'과 '성밖숲' 그리고 '성산동 고분군'이 차례로 쓰인 표지판이 그날따라 별스럽게 가슴을 훅, 치고 들어와서일까. 그 길에는 피고 지고 다시 움트는 꽃처럼, 탄생과 진화와 죽음을 반복하는 별처럼, 생生과 삶과 사死가 한길에 고스란히 놓여있었다.

 무명의 별이건, 온 하늘에서 가장 빛나는 늑대별이건 모두 하늘의 한 자락에서 빛나고 비추다가 소멸하고 다시 태어난다. 우리네 삶도 태어나고, 생활하고, 생로병사를 겪다가 생을 마감한다. 모든 숨탄것의 운명이다. 그런 인생사가 점점이 놓인 별 고을, 그 길을 발맘발맘 걸어갔다.

 동트기 전, 동쪽 하늘에서 반짝이는 샛별처럼 생명의 시작을 담고 있는 '세종대왕자 태실'로 향한다. 국가사적 제

444호로 지정된 태실은 큰아들 문종을 제외한 세종대왕의 열여덟 아들들과 세손 단종의 태를 갈무리한 곳으로, 왕자 태실이 완전하게 군집을 이룬 유일한 곳이다. 소나무 숲을 지나 환한 빛살을 이고 천천히 돌계단을 오른다. 흑갈색 솔방울에 섞여 올해 태어난 파릇한 솔방울들이 조롱조롱 여물어가는 소리가 향기롭다. 작열하는 태양에 고스란히 달궈질 때도, 요란한 비바람에 흠뻑 젖을 때도 그저 견뎌낸 태실은 고즈넉하다. 한동안 들여다보면 이 담박한 돌들에서는 서늘한 바람 소리가 난다.

열아홉 기의 태실이 나란히 들앉았다. 두툼한 받침돌 위에 몸돌이 놓였고 그 위를 둥근 뚜껑 모양의 지붕돌이 덮고 있는 형상이다. 둥글납작한 몸돌에 더께로 앉은 이끼며, 지붕돌의 연꽃무늬가 희미해지도록 덮고 있는 흙 알갱이에는 멀고 낯선 시간의 이야기들이 쌓여있다.

우연일까, 필연일까. 태실에서 마주친 문화해설사에게서 나 홀로 다양한 설명을 들을 수 있었다. 태실은 탯줄이 아닌 태반을 보관하는 곳이라고 한다. 명산의 정기를 받아 태와 한 몸이었던 태아가 무탈하게 잘 자라길 바라는 마음을 담았다. 태실 석물은 천·지·인을 함축한 온 우주의 모습이다. 즉, 땅의 기운을 받는 네모난 받침돌, 연꽃을 새겨 하늘을 뜻하는 둥근 모양의 지붕돌 그리고 인간을 상징하는 몸

돌로 이뤄졌다.

군데군데 빗돌이 깨지고 받침돌만 덩그러니 남아있는 것도 보인다. 수양대군의 왕위 찬탈에 반대한 다섯 왕자들이다. 예전에는 받침돌의 옴팍한 부분에 빗물이 고여 스산한 역사의 한 단면을 보여줬는데 지금은 둥근 돌판이 얹혀있다. 세손으로는 유일하게 봉안된 단종 태실이 제일 끝 모서리에 있다.

아이를 낳을 때의 기억은 이제 아스라하지만, 가슴 벅찼던 기쁨과 경이로움은 아직 선연하다. 그 순간에야 무슨 욕심이 있었겠는가. 새 생명이 올곧게, 무탈하게 자라길 바라는 그 마음 하나로 족했다. 그런 첫 마음을 끝까지 가져가는 게 인간에겐 어려운 일일까? 무엇에 의미를 부여하는 일은 은연중 그 의미에 자신을 가두고 지레 주눅 들게 만드는 일인지도 모른다.

태실에 서면 서늘한 돌들은 그런 번잡한 마음을 내려놓으라 한다. 떠안은 삶이 아프고 버겁다고 말하면, 치장도 호사도 없는 돌은 아기가 처음 왔을 때, 그 순연한 마음을 기억하라고 늙은 엄마처럼 다독인다.

싸라기별은 이름이 없는 잔별이다. 찬란하게 빛나길 바라지만 뿌연 안개 속을 더듬다 무명으로 가는 우리네 삶처럼.

하지만 싸라기별이라고 금싸라기 되지 못할까. 이름은 몰라도 환하다. 그래서 저마다의 인생, 소중하다.

숲의 역사를 가늠케 한다. 천연기념물 제403호, '성밖숲'은 노거수 왕버들 52그루가 넉넉한 품새를 자랑하며 숲을 이루고 있는 단순림이자 마을의 안녕을 위해 조성된 비보림이다. 300살 먹은 왕버들은 이곳에서 청년이다. 500살은 돼야 어른 소릴 듣는다. 45도로 비틀리고 휘어지면서도 울퉁불퉁한 몸통으로 용트림하며 버텨온 세월이다. 구새 먹은 밑동으로 벌레들이 넘나들고 삭정이가 된 가지를 끌어안을 때도 있다.

왕버들 노거수에서는 품격이 느껴진다. 온갖 상처를 안고 휘어지고 기울어졌어도 옆구리에선 쉴 새 없이 푸른 잎사귀를 만들어낸다. 명주바람이 불 때면 여리여리한 이파리들이 연두로 반짝이고, 여름에는 자글거리는 햇발을 온몸으로 퉁겨내며 그늘을 만든다. 발밑에 보라색 맥문동 숲을 거느릴 때면 정겹고 넉넉하다. 푸른 하늘을 단풍으로 물들여 가는 품새 또한 넓고 깊다. 겨울 삭풍에 잎새를 떨구어도 오랜 세월의 풍상이 만든 맑고 성성한 관조의 모습이다. 왕버들 노거수는 말한다. "한 생애 천천히 잘들 걸어가시오."

붙박이별처럼 늘 거기서 유구한 시간에 오늘을 더하는

'성산동 고분군', 그 길의 양옆으로 참외밭이 펼쳐있다. 비닐하우스 밖으로 초록 줄기를 매단 노란 참외가 굴러다니는 밭. 삶의 터전은 옛 무덤과 가깝다.

주차장에서 한가롭던 까마귀와 까치들이 내 발걸음에 키 큰 나무 사이로 날아간다. 장정 팔뚝만 한 까마귀들의 지저귐을 머리에 이고 옛 무덤들을 둘러본다. 지나간 일은 뼈아프고 오지 않은 일은 막막하다. 가지고 누린 게 많고 지켜야 할 게 많아질수록 알 수 없는 앞날이 불안하고 안달도 날 것이다. 그래서 주검과 함께 묻은 껴묻거리가 그렇게 많은 걸까?

사적 제86호 '성산동 고분군'은 성산 줄기를 따라 크고 작은 무덤들이 줄이어 분포하고 있는 곳으로 가야 및 삼국시대에 살았던 사람들의 무덤이다. 현재까지 129기가 지정되었다. 묘장 형태는 순장이며, 석실보다는 부곽에 넘칠 정도로 많은 유물을 부장하고 있다.

그들은 사후의 삶을 믿은 걸까, 알고 있는 죽음이지만 두려웠던 걸까. 아니, 시간의 영속성에 기댄 걸까. 순장자들의 죽음 혹은 죽임이 서늘하다. 그런데도 엄마 집 뒷산이라 그럴까? 잘 다듬어진 연초록의 고분들이 함지박을 엎어놓은 듯 친숙하다. 깊은 시간이 부드러운 곡선으로 흐르며 역사를 만들어온 무덤 앞에서 숙연해지다가도 괜히 또 정겹다.

늘 그 자리에서 빛나는 별과 같다. 과거의 시간을 현재에 가져오고 이를 통해 미래를 볼 수 있을까. 4세기에서 6세기 무렵의 토기류, 장신구류, 무기류 등 칠백여 점의 출토 유물이 '성산동 고분군 전시관'에 종류별로 전시되어 있다. 전시관은 태아의 웅크린 형태를 본뜬 모양으로 생명 문화의 종착점인 '死'가 시작점인 '生'과 공존하며 순환하고 있음을 상징적으로 보여준다.

 산자락을 내려와 집으로 향한다. 피고 지고 다시 움트는 자연의 순리처럼 왔던 길을 돌아서 다시 간다. 옛이야기를 남다른 눈으로 읽고 어떻게 마음에 담는가는 각자의 몫이리라. 오늘 이곳에 내 고단함을 내려놓으니, 어제의 기쁜 날이 보인다.

숲의 시간

 함지산 망일봉으로 가는 길은 여러 갈래이지만 어느 쪽으로 가도 정겹고 푸른 향기가 흐른다. 오늘은 운암지를 시작으로 산허리에 놓인 쉼터를 지나 전망대까지 푸르게 이어진 소나무 능선 길이다. 숲의 키 큰 나무들이 걸러주는 순한 빛살을 이고 천천히 산을 오른다. 선심 쓰듯 굼뜨게 따라나선 아이들도 막상 산자락에 들어서자, 신이 나서 저만치 앞장서 있다.

 너덜겅의 오래된 나무들은 숲을 찾는 손들이 행여 미끄러질까 봐 구불텅한 뿌리를 많이도 내어준다. 비탈의 흙을 들쑤셔 살아있는 것들을 깨우고 메숲진 산의 숨통을 열어준다. 늙은 정강이에서는 새순이 트고 솔바람 아래서 연분홍 진달래들이 낭창낭창 흔들린다. 생명을 다시 살아나게 만드는 봄은 지금 망일봉 숲을 어머니 품 삼아 온갖 것들을 깨우고 피게 하느라 한창이다. 겨울의 장막을 수선스럽게 열어젖히는 봄의 등쌀에 숲은 제 안에 품어두었던 것을 하나씩 내어놓는다. 나무는 새순을 틔웠던 시간을 떠올리고 꽃은 바람에 날린 꽃가루의 기억을 가지고 부지런히 봄을 나른다.

'기쁜 소식'이라는 꽃말을 가진 봄까치꽃이 가장 먼저 언 땅을 녹이며 낮은 곳에서 푸르게 피어나면 홍매화가, 벚꽃이 어깨 위에서 하늘거리며 봄의 향기를 전한다. 햇살처럼 눈부신 노란 생강나무꽃 사이로 조잘대며 날아가는 새소리가 정겹다.

하지만 자드락길에는 여기저기 쓰러진 나무들도 보인다. 지난겨울 삭풍 때문일까? 아니면 며칠 전 느닷없이 내린 봄눈 때문일까? 봄눈은 수분이 많아서 나무들이 그 무게를 이기지 못하고 산을 쩡쩡 울리는 비명을 내지르며 찢기고 부러지기도 하니까.

어쩌면 남편의 퇴직도 우리 가족에게는 느닷없이 내린 봄눈이었을까? 그동안 가족을 위해 쉼 없이 달려왔던 아버지의 귀환을 아이들은 열렬히 환영했지만, 갑자기 정처를 잃어서였을까? 어느 순간부터 남편은 독불장군이 되어서 쉴 새 없이 새로운 규칙을 만들어내고 아이들을 교정하려 했다. 수십 년 회사에 열정을 바치는 동안 자식들은 그들만의 세계를 구축하면서 성장했다는 걸 남편은 간과했다. 머리 굵은 아이들은 저들 나름대로 가꾸고 일궈온 자신들의 삶에 함부로 들어온 아버지가 버겁기 시작했고 수긍하기 어려운 잣대를 들이밀며 다그치자 차츰 지쳐갔다. 특히 모든 일을 제가 계획한 대로 움직이는 작은애는 아버지의 지적과 간섭을 못 견디고 반발했다. 그 구순하던 부자지간이 각이 지고 골이 패었다. 화목하다고 믿었던 우리 집은 생각지도 못한 곳에서 균열이 생겨버렸다. 아버지와 아이들 사이에 칼바람이 싸하게 불어댈 때마다 나는 휘청휘청 마음 둘 곳이 없어졌고 그들 사이에서 애만 끓이는 동안 급기야 작은아들이 집을 나가고 말았다.

망일봉이 없었으면 어쨌을까? 집 옆에 이만큼 덤부렁듬쑥한 숲이 있는 것은 축복이다. 나는 나무 아래에서 숨을 쉴 수 있었다. 나뭇잎 사이로 흐르는 햇살을 쳐다보면 바람에 흔들리는 나뭇가지가 내 어깨를 쓰다듬고 어루만졌다. 그러면 조금씩 숨이 쉬어졌다. 나인지, 너인지, 그인지, 그 누군가를 향한 것인지조차 분명하지 않던 분노와 원망이 조금씩 누그러졌다. 어쩌면 엄마한테까지 이럴 수가 있을까 싶게 문자 한 통 주지 않는 아이가 걱정되고 그리울 때면 망일봉을 헤맸다.

둥치만 남아도 나무는 새순을 틔워내고 그것은 훑어내고

또 훑어내도 살아남는다. 그 질긴 생명에 희망을 걸었다. 숲에 찾아간다고 우리의 생이 변하지는 않겠지만 썩어가는 밑둥치에서 틔워낸 새순 하나가 진부해도 버릴 수 없는 희망을 품게 하는 것 아닐까? 가족과 함께 갔던 이 산을 기억하고 아이도 이곳을 헤매고 있을지 모른다는 기대인들 없었을까. 아이의 흔적을 찾으며, 아이의 숨소리를 떠올리며 아이와 함께 가던 길을 더듬었다. 그래서였을까, 남편도?

아들이 집을 나간 후 남편은 매일 동도 트기 전, 홀린 듯 망일봉을 오르내렸다. 말려도 소용없었다. 어쩌면 그는 가슴에 돋을볕을 안을 때마다 아들과의 정다웠던 기억을 떠올리며 아들을 불러댔는지도 모른다.

꽃이 피는 그 순간은 보지 못하지만, 어느새 활짝 피어 있는 꽃송이와 만나는 것처럼 그렇게 기다리던 아이가 어느 날 문득 우리 품으로 돌아왔다. 해가 바뀌어도, 구정이 지나가도, 봄이 시작되어도 소식이 없더니 어느 새벽, 소리 없이 문을 열고 아이가 들어왔다. 반년 만이었다. 이 아이가 세상에 태어났을 때 이만큼 기뻤겠지. 아이를 끌어안고 방방 뛰었다. 세상이 내게 다시 건네준 아이를 가슴에, 두 손에 받아 들고 하염없이 기쁨의 눈물을 흘렸다. "엄마가 너무 보고 싶어서." 그 이상의 이유가 있을까? 어떤 설명도 들을 필요가 없었다.

무릎관절염 때문에 자다가도 앓는 소리를 내는 남편이 작은 풀꽃의 이름을 알아보려고 무릎을 접고 들꽃의 사진을 찍는다. 앞서가던 아이들도 다가와 같이 쪼그리고 검색한다. "봄망초네요, 아빠. 이건 양지꽃이고요."

남편과 아이들은 예전의 구순하던 시간으로 돌아갔다. 볼 수 없었던 시간을 통해 서로를 더 잘 보게 되었고, 더 사랑하는 법을, 더 웃는 법을 알게 되었다. 걸핏하면 뒤통수치는 아슬아슬한 삶이어도 생의 갈피 어느 곳에 슬쩍 끼워놓은 기쁨이 있기에 또 힘을 얻는 것 아니겠는가. 허방에 빠져 허우적거려도, 미망에 사로잡혀 안갯속을 더듬거려도 우리에게는, 이 기쁜 순간과 만나려고 그 힘든 시간이 있었구나, 할 때가 분명 올 것이니까.

다복솔 우거진 오솔길로 들어서니 봄눈이 녹으면서 물길을 만들고 있다. 물은 나무의 뿌리를 적시고 얼었다가 녹기를 되풀이하느라 푸석해진 흙길을 촉촉하게 적시고 돌멩이들을 적시며 이쁘고 곱다랗게 아래로 흐른다. 우리 가족은 숲길을 꼭꼭 밟으며 걸어간다. 앞서 지나간 사람들이 만든 길 위에 우리의 발자국을 남기며 그들이 그랬던 것처럼 조금 더 단단한 길을 만든다. 우리가 숲에서 위안을 얻는 것은, 이 길을 만들며 지나간 사람들의 웃음과 눈물을 품고 있다가 이 숲을 찾아오는 또 다른 사람들의 마음을 따뜻하게 적셔주는 숲의 시간이 있기 때문이다.
  다복솔 위로 아지랑이처럼 흐르던 봄의 햇살이 정수리에 꽂히는 걸 보니 이제 망일봉이다.

비질

 몇 달째 주인 없는 마당은 마구잡이 자라난 푸새와 길짐승이 흩뜨려 놓은 흔적으로 어지럽다. 소나무 아래 빙 둘러 심어놓은 천년초 사이에 낯선 닭 한 마리가 정물처럼 앉아 있다. 제가 싸지른 똥을 치우러 다가가는데도 제집인 양 천연덕스럽다.

 닭도 쫓아 보내고 발에 걸리는 돌멩이도 치웠다. 긴 손가락을 뻗쳐대던 넝쿨도, 흙을 움켜쥐었던 풀도 뽑아버렸다. 한겻 동안 치우고 깨끗하게 비질까지 하고 나니 마당이 훤해졌다. 말간 얼굴로 헤실거린다. 손을 털고 돌아서는데 가을 부채마냥, 저만치 버려진 것들이 불현듯 눈에 밟힌다. 정말 저들은 아무것도 아니었을까?

 종합병원의 응급실은 위급한 울부짖음, 고통을 호소하는 울먹임, 기다림에 지친 소리, 저마다 고단한 삶의 군상들로 북새통이다. 통증을 참느라 엄마는 목에 핏줄이 곤두서고 찡그린 얼굴은 주름투성이다. 아프면 참지 말고 바로 외래 진료를 받으라고, 그게 날 도와주는 거라고 몇 번이나 상기시켰건만 결국 또 응급실행이다. 일터에서 종종거리는 딸에게 미안해서 온종일 참고 또 참았을 것이다. 그 마음을 읽으면서도 또 응급실에서 밤을 지새우고 출근해야 하니 내 마음도 덜커덕거린다. 으레 그렇듯 피검사하고 진통제 투여 외에 몇 시간째 처치해 주는 것도 없이 응급의는 기다리라는 말만 앵무새처럼 되뇌고 있다. 끊임없는 진통을 참으면서도 미안한 엄마와 괜찮다고 말하면서도 복장 끓이는 내가 북적거리는 응급실의 초라한 한 귀퉁이를 채웠다. 아침이 밝아서야 진통도 숙지고 의사의 처치를 받았다. 나는 허방지방 지참 출근을 했다.

 엄마가 아파서 고생했다는 소리를 듣고 타지에 사는 동생이 친정에 왔다. 동생은 엄마를 모시고 가서 맛있는 음식을 사드리고 엄마 좋아하는 드라이브도 시원하게 갔다 왔다. 엄마 목소리가 지난밤과 다르게 밝고 투명했다. 벙긋 웃는 얼굴이 아기처럼 천진했다. 두 번의 응급실행과 몇 차례 병원 진료를 다니는 동안 내 불퉁한 얼굴만 보다가 상냥한 동생과 한나절을 보냈으니 좋기도 했을 것이다. 동생은 엄마의 마음밭에 박힌 울퉁불퉁한 돌을 빼 던지고 서걱거리는 흙과 모래를 말끔히 비질한 후 개운한 얼굴로 돌아갔다. 나의 거듭된 불퉁스러움을 한 방에 화사하게 처리했다. 엄마에게 좋은 식품들을 나열하면서 어디가 진료를 잘하니, 어디 한방치료가 좋으니 내게 첨언도 빼놓지 않았다.

일터에, 가사에 묶인 나는 응급실에서 지샌 밤이 어지러워 휘청거렸다. 동생이 나의 불퉁거림을 쓸어내다가 무심코 던진 돌멩이 하나가 내 가슴에 와 박혔다. 나는 왜 동생처럼 못할까. 어차피 닥친 일, 조금 더 환한 모습으로 돌봐드리면 좋지 않을까. 그런 마음과 내가 해야 할 일의 무게가 나로서는 감당할 깜냥을 넘어섰다는 마음이 번갈아 가며 번잡하다. 하지만 환한 엄마 얼굴을 보니 그걸로 됐지, 고개 드는 돌멩이를 꾹 눌러버렸다.

엄마는 또 병원 신세다. 넘어져서 다리뼈에 금이 갔다. 날마다 동동걸음 치느라 바쁜 나는 어느 것 하나에만 몰두할 수 없으니 이래저래 미흡하고 어정쩡 불편하다. 누구에게랄 것도 없이 부아가 나기도 한다. 엄마가 좋아하는 과일이며 옷이며 한 아름 안고 온 동생은 제가 사 온 옷을 걸치고 요리조리 돌아보면서 어떠냐고 물었다. 퇴원할 때 입으면 울 엄마 참 예쁘겠다고 깔깔댔다. 엄마도 함박 웃었다. 그 함박웃음이 병실을 환하게 만들었다. 너저분하고 불퉁거리는 마음 바닥을 깨끗이 쓸어내고 웃음꽃을 심어놨다. 학교 일로 바빴다고 말하자 동생이 아이고, 그 학교는 선생이 언니

하나뿐이냐? 하면서 웃었다. 가벼이 던지는 웃음꽃 한 송이가 내 가슴으로 와서 날카로운 돌이 되어 박혔다. 나는 그 돌멩이를 누르면서 같이 웃었다. 마음으로 웃지는 못했다. 나는 내 깜냥이 넘치도록 애쓰는 일을 동생은 가볍고 쉽게 정리해 버린다. 동생의 그릇이 그만큼 크다는 얘기다. 누구에게나 통 크게 베풀고 시원한 게 동생의 미덕인데 그걸 편하게 받아주지 못하니 꽃자리 좁은 못난 언니다. 이런 자식, 저런 자식이 있어서 각다분했던 엄마의 늙은 생이 조금이라도 환하니 고마운 일 아닌가.

어깨에 석회가 쌓여서 밤새도록 잠을 자지 못했다. 이 정도면 바로 응급실로 와야지, 어떻게 참았냐고 의사가 혀를 찼다. 폐에도, 가슴에도 석회가 보인다고 한다. 쓸어버리지 못하고 마음에 쟁여둔 돌들이 내 속을 들쑤시고 아프게 하나 보다. 예민하게 촉수를 뻗친 넝쿨손이 마음을 조이는 것도 서글프다. 야속한 것이 많아지고 둥글어져야 할 마음보에 각이 진다. 그저 고개 끄덕이면 그만일 걸 옹졸하게 앙가슴을 만드는 일도 잦다.

마음이 하는 일을 옳고 그름의 잣대로 재는 일은 공정한가. 분별의 기준은 무엇일까. 내게는 그것이 짐처럼 무거운데 누구에게는 한없이 가벼운 일이 될 수도 있다. 기본과

도덕과 규칙과 법이 마음과 감정까지 관여할 수는 없을 것이다. 마음의 분별력은 스스로 세우는 일이다. 마음에 새긴, 던져진, 빼지 못한 돌들이 나를 쑤셔댄다. 베이고 서걱거리고 버성긴 틈으로 바람도 휑휑 불어온다. 내 안에서 뿌리내린 돌들이 자존감이고 나를 세우는 일이라 규정하고 살았더니 어느덧 가슴은 그 무게로 무거워졌다. 단단해지는 게 아니라 강퍅해졌다. 조급하고 편협하고 앙칼진 서운함이 자라 뾰족하게 날을 세우기도 했다.

 사람살이가, 세상살이가 내 안에 돌멩이를 담았다 던지는 일 아닐까. 사람들이 던진 돌이, 내가 주워 담은 돌이 가슴에 박히는 것은 순간인데 그것을 빼는 일이 어렵다. 저리고 아프고 염증으로 곪아 터져야 그 존재의 무거움을 알게 된다. 잘 쓸어내야겠다. 옹글게 마음을 비질하고, 살살 달래서 꺼낸 돌들은 꽃밭을 둘러가며 단정하게 놓아야겠다. 있어야 할 곳에 놓인 돌은 꽃을 세우고 바람을 모으고 햇살을 품을 것이다.

홍시

 쉰 살의 시누이가 아흔셋의 아버님을 부축해 욕실로 들어갈 때 우리는 거실에 앉아서 일상을 이야기하며 하하거렸다. 당연히 시누이 일인 양 무심히 보고 그만이었다. 재작년 가을, 아버님 돌아가시기까지 시누이 혼자 이십 년 넘게 모셨다.

 누가 뭐래도 우리는 그 딸이 있어서 편했다. 워낙 깔끔하고 야무져서 살림도 잘했지만, 언제부턴가 집안 대소사도 시누이가 맡아서 치러냈다. 오빠들과 우리 올케 중에서 제일 어린 사람인데 그랬다. 전들 왜 불평불만이 없었을까. 하지만 속이 깊어서 올케언니들의 허랑한 말들이며 이러저러한 일들을 덮어주고 싸안고 봉합해 나가면서 허튼소리 한번 하지 않았다.

 늘그막에 낳은 고명딸을 두고 일찍 돌아가신 어머니는 아셨을까? 당신의 아리고, 어여쁜 딸이 음식의 모양과 맛을 내기 위한 고명 같은 존재가 아니라 일용한 음식 그 자체였다는 걸.

시누이가 식단이며 건강관리를 워낙 철저하게 해드려서 아버님은 연세에 비해 정정하셨는데 급정거하는 버스에서 넘어지고부터 건강이 나빠지셨다. 아흔을 넘기고부터는 바깥출입은커녕 거동도, 정신도 불편하셔서 시누이 고생이 이만저만이 아니었다. 하지만 긴 세월 그렇게 살다 보니 우리의 미안함은 굳은살이 돼버렸다. 말로만 고생한다고 할 뿐, 아무도 그녀의 수고로움을 덜어주거나 가져오지 않았다.

언제부턴가 아버님이 진지를 잡수시지 않는다고 시누이가 걱정을 늘어놓았다. 밥을 넘기지 못하셔서 죽을 쑤어드린 지 오래라고도 했다. 그마저도 안 드시려고 해서 걱정이라는 시누이 말을 흘려버렸다. 기력이 없으시니 그렇겠지, 노인이라 입맛이 없기도 하시겠지. 그렇게 안 드시는 것을 크게 걱정하지 않았다.

어느 날 시댁에 갔을 때, 아버님께 죽을 드리니 날 빤히 보시면서 아주 작게 말씀하셨다. "야야, 나 안 먹을란다. 정말 먹고 싶지 않다." 그때 아버님 표정은 어릴 때의 아들이 걸핏하면 밥투정하던 모습이어서 나는 흐흐 웃었다. 내 웃는 얼굴을 보고 아버님도 싱그레하시면서 죽 그릇을 밀었다. 그건 또 언제 봤는지 시누이가 불퉁하게 말했다. "그것도 안 드시면 돌아가셔요. 괜히 오빠들 왔다고 어리광 부리지 마시고 드세요."

 누군가 홍시를 드리라고, 그거라도 드시면 되지 않겠냐고 말했다. 무르면서도 시지 않아서 아버님께 맞춤한 과일이었다. 주름투성이 홀쭉한 입에서 홍시가 흘러내렸다. 마른 잎처럼 버석한 아버님 입을 닦아드릴 때 시누이의 얼굴이 홍시처럼 붉었다. 우리는 왜 붉어졌는지 아무도 신경 쓰지 않았다.

 아, 가벼워지려는 걸까? 갈바람에 단풍 든 감 잎사귀가 날려 떨어졌다. 검버섯 같은 흔적을 안고 그 잎사귀가 땅에 붙어 말라갈 때 불현듯 마음에 걸렸다. 가만히 나를 들여다보시던 그 눈빛이 때때로 떠올랐다. 어쩌면 아버님은 일부러 안 드시는 건 아닐까? 시누이가 너무 힘들까 봐, 당신의 성근 몸을 씻기고 부축해서 다니고 온종일 돌보는 게 미안하고 안쓰러워서 더 가벼워지려고, 연기가 되려고 조금씩 곡기를 줄이는 게 아닐까, 그런 생각이 들었다. 그러나 그건 너무 무섭고 슬픈 일이어서 허무맹랑한 생각이라고 고개를 흔들어버렸다.

 시누이 팔에 푸른 멍 자국이 생겼다. 다리에도 자주색으로 아물어가는 멍이 보였다. 왜 그러냐고 물었더니 무심하게 대답했다. "아무리 늙었어도 남자라 그런지 힘에 부치

네. 안 씻는다고 뻗대시고 안 드셔서 실랑이를 벌이다 보면 멍도 들고 그렇지, 뭐."

오빠들은 새들거리는 동생을 설득해 아버님을 요양병원에 모셨다. 면회하러 가면 아버님은 듬성듬성 씨앗이 빠진 해바라기처럼 싱그레 웃으셨다. 아버님 휠체어를 밀고 온 간호사가 말했다. 할아버지가 어찌나 점잖으신지 서로 할아버지를 담당하려 한다고, 죽도 잘 드시고 혼자 한참 앉아도 계시고 얼마나 모범생인지 모른다고. 면회 가면 아버님이 알아보시는 아들, 며느리는 매번 바뀌었다. 고명딸만 확실히 알아보셨다. 모범 학생 아버님은 일 년을 요양병원에 계시다 돌아가셨다.

아버님 빈방 작은 경대 위에 해지시키지 않은 핸드폰이 얌전하게 놓여있다. 어? 아버님 거네? 나이만 먹었지, 속이 덜 찬 내 말에 바람도 없는 방에서 시누이가 괜히 눈을 끔뻑거리면서 구시렁거렸다. 자꾸 뭐가 들어가노.

냉동실에는 아버님이 다 드시지 못한 홍시가 꽝꽝 언 채 그대로다.

일 년만 더 모셨으면 됐는데, 끝까지 모셔야 했는데, 자꾸 생각나네. 시누이 말에 잘한 것 없는 나는 괜히 코를 훌쩍이면서 중얼거렸다. 그보다 어떻게 더 잘해.

김밥

 압력밥솥의 추가 경쾌한 소리를 내며 돌아간다. 밥 익는 냄새가 좋아서 코를 벌름거린다. 찰기가 흐르는 밥에 콩콩 박힌 서리태까지 익숙한 맛이 입에 고인다. 한 그릇의 밥에는 오감이 담긴다.

 참으로 밥을 좋아하는 아낙이다. 요즘은 밥을 적게 먹고 한 끼 정도는 안 먹어도 살 수 있지만 젊을 때는 굶지 못했다. 간식을 먹을 바에야 밥을 먹었다. 어느 시대에 살았어도 독립운동 같은 건 못했을 거라고, 밥만 굶기면 다 불게 분명하다고, 그런 소리도 들었다.

 서른아홉의 초겨울, 모 기업 수필 공모전에 입상해서 상경하게 됐다. 얼추 시간을 계산하니 새벽 첫 기차를 타야 했다. 아침을 먹을 시간이 없는데 굶을 수 없는 나는 김밥을 쌌다. 시상 후, 바로 점심을 제공한다고 했으니 그냥 가라고 남편이 말렸다. 아니면 차라리 얼른 밥 한술 뜨고 가라고도 했다. 그런데도 아침은 아침에 먹어야 한다고 기어이 김밥을 쌌다. 남편이 고새를 못 참느냐고, 대체 어디서 김밥을 먹을 거냐고 계속 구시렁거렸다. 김을 펼치고 고슬고슬한 밥을 깔았다. 단무지와 계란지단, 오이와 당근, 우엉 등속을 넣어 돌돌 말면서 기차 안에서 먹을 거라고, 누가 보건 말건 뭔 상관이냐고 대꾸했다.

"밥을 안 먹고 사는 사람도 있나? 난 꿋꿋하게 먹을 수 있어."

나는 꿋꿋하게 먹을 수 없었다. 겨울이라 그런지 아침이 되어도 열차 칸은 어두웠고 내 옆에는 하필 멋진 남자가 앉아있었다. 신경 쓰였다. 드디어 불이 들어왔다. 음료수와 먹거리를 파는 수레도 통로를 지나갔다. 그러나 새벽 첫차에 몸을 실은 사람들은 고단한 눈을 뜨지 않았.

그래도 김밥을 꺼낼 기회만 노리고 있다가 조심조심 펼쳤다. 뚜껑을 열자마자 참기름 냄새가 당황스러울 정도로 진하고 고소하게 퍼졌다. 팔짱을 낀 채 눈을 감고 있던 잘생긴 남자가 슬쩍 일별하더니 돌아앉았다. 그 남자의 입에서 한숨 소리가 나왔다. 멋진 남자 따위, 휘둘리지 않을 각오가 돼있었지만 이미 전의를 상실했다.

김밥 도시락 뚜껑을 닫고 다시 쇼핑백에 넣었다. 그걸 들고 시상식이 있는 호텔로 향했다. 생각보다 시상식은 빨리 끝났고 점심으로 안심스테이크가 나왔다. 나는 김밥이 들어

있는 쇼핑백을 소중하게 끌어안고 맛있게 먹었다. 옆에 앉은 수상자가 쇼핑백을 가리키며 뭐냐고 물었을 때, 멋쩍게 웃었다.

돌아오는 열차는 3시 반. 옆자리에 엄마 연배의 늘그막한 아주머니가 앉았다. 아침잠도 많은 내가 첫새벽부터 김밥 싸고 서울까지 갔으니 피곤했다. 대구에 도착할 때까지 한숨 자려고 하는데 옆에서 아주머니가 자꾸 웅얼웅얼 앓는 소리를 냈다.

"아이고, 배야. 부산까지 차례 멀었는데, 우야노."

흘낏 훑어봤다. 머리도 헝클어지고 지친 표정이었다. 어디 아프냐고 물었더니 기다렸다는 듯 하소연을 했다.

"서울 딸네 집에 갔다가 부산 집에 가는 길이라요. 언제 또 오나 싶어서 새벽부터 일한다고 설치다가 때를 놓쳤구마. 종일 굶었네. 일하러 다니면서 아 키우랴, 집안일하랴. 얼마나 힘들겠나 싶어서 하나라도 더해 줄라 한 긴데 열차 시간이 급해서 그냥 나왔더니 밥도 안 먹고 가면 지 속은 어떻겠냐고 딸아는 성질만 내고."

갑자기 설움이 북받치는지 아주머니 목소리가 떨렸다. 나는 아주머니가 울면 어쩌나 싶어서 다급하게 말했다. 김밥이 있는데 드시겠냐고. 아주머니가 눈이 둥그레져서 "어디?" 하고 물었다.

겨울이라 괜찮을 것 같았지만 김밥을 꺼내 먼저 먹어봤다. 굳지도 않았고 맛있었다. 지금 같으면 기차에서 모르는 이와 음식을 나누는 일은 없을 테지만 그땐 그랬다. 아주머니는 꿀같이 달고 맛있다고 했다. 나도 스테이크로 느끼해진 속을 우엉과 단무지로 달랬다.

아주머니와 함께 나눈 김밥은 정말 맛있었다. 남편 눈총을 받아가면서 여명에 김밥을 싼 게 잘한 일 같아서 내심 뿌듯했다. 아주머니가 고맙다면서 아이스콘을 사주셨다. 여름에도 안 먹는 아이스크림을 맛있게 먹었다.

아주머니는 아이고, 배야. 그랬지만 배가 고파서 그런 게 아닐 것이다. 속이 아파서 그랬을 것이다. 일터로 간 딸은 엄마가 혼자 역까지 잘 갔으려나 궁금해서 전화했겠지. 그러다 밥도 안 먹고 일만 한 걸 알고 울컥해서 한 소리 했겠지. 모녀가 서로 안쓰럽다는 게 결국 언성만 높이게 되었겠지. 아주머니는, 그렇게 엄마를 보낸 딸의 마음을 아니까 더 아팠을 것이다. 달게 끼니를 때운 아주머니는 편안한 얼굴로 잠들었다.

나는 괜히 피식피식 웃는다. 한 장의 김에 그러모은 그날의 시간이 맛있고 따뜻해서.

2장

꽃을 세우다

자반고등어

 갈바람에 가랑잎들이 나무를 떠난다. 그 자리에 발덧 난 햇살이 내려앉는다. 늘비한 국수 난전에서 끓어오르는 육수 냄새가 시장통에 목을 매고 사는 삶들을 둥실한 온기로 채우고 있다. 여기쯤일까? 아들 혼사 때 입을 한복을 맞추러 나선 길에는 가을을 먹는 사람들, 가을을 사고파는 사람들이 북적대고 있다.

 무릎에 염증을 달고 사는 남편이 시장 어귀 가로수 아래서 숨을 고른다. 힘차게 헤엄치던 푸른 바다의 시절을 저만치 밀어놓고 누런 잎사귀들, 후두두 떨어지는 길에 우리 같이 서있다. 노량으로 걸었어도 이만큼 오느라 가쁜 숨을 내쉬는 발밑에서 낙엽들이 부스럭 몸을 일으킨다. 작은 새 떼들이 가랑잎 파들거리며 떠는 나뭇가지 안에서 소란스럽다.

 나란히 걷던 남편이 나를 앞세운다. 와그작대는 시장통에서 행여 다른 이의 통로를 막을까 걱정하는 마음이다. 그걸 알기에 잰걸음으로 가서 기다리고 있는데 한복집으로 올라가는 상가 계단 아래 생선 좌판이 보인다. 생뚱맞기도 하다. 그나마 자반고등어, 갈치, 반건조 가자미 등속으로 구색을 맞추고 있다. 좌판을 펼친 할머니는 단단한 앉음매가 세월을 부려 깔고 있는성싶게 강단져 보인다. "사 가소. 제자리 간이라 맛있네." 내 시선을 느꼈을까. 할머니가 자반고등어를 가리키며 말한다. 잡은 자리에서 바로 소금으로 간을 치는 고등어를 제자리 간이라고 한단다.

하늘색 납작 바구니에 큰 고등어와 작은 고등어가 한 손이 되어 얌전하게 포개져 있다. 바다의 기억을 잃은 고등어 눈이, 인공눈물을 달고 사는 남편의 눈과 닮아있다. 볼일 보고 오는 길에 사겠다고 하자 할머니의 굵은 주름살이 웃음살로 바뀐다. 흘러내린 은빛 머리카락 위로 햇살 한 줌이 반짝거린다.

자반고등어의 시간은 어디서부터 시작됐을까. 상가 계단을 오르는 나는 바닷물에 발을 내딛는 듯 기우뚱거린다. 남편이 재바르게 잡아주면서 안과 좀 제때 가라고 구시렁거린다. 바다와 산간의 차이만큼이나 다른 환경에서 나고 자란 남편과 나, 세상살이 짜고 쓴 소금을 만나 깃들고 길들이면서 이제는 말간 웃음으로 서로를 품어줄 만큼 이력을 쌓았을까.

고등어잡이 배들이 바다를 가른다. 때를 가늠해 재빨리

둘러친 그물을 끌어 올려 벼리를 당기면 한바탕 와르르 쏟아지는 고등어들, 쉬지 않고 튀어 오르고 펄떡거린다. 함께 태평양 바다를 누볐던 눈부신 생들은 곧장 얼음창고로 던져졌다가 항구에 닿으면 등급이 매겨지고 흩어져 소금에 재워지거나 생물로 떠난다.

한 시절, 고등어는 바다를 본 적도 없고 바다로 가지 못했던 사람들에게 푸른 바다를 보여주느라 떼 지어 산등성이를 넘기도 했다. 동해를 떠난 고등어 떼는 소달구지나 등짐에 실려 험준 산길, 구불구불한 수렛길을 넘어 뜸마을 어디쯤에서 한밤을 지새웠다. 바다 떠난 서러운 달빛이 꾸덕꾸덕 마를 때쯤 간잽이들은 칼을 들어 고등어 배를 가르고 붉은 속살에 왕소금을 쳐서 빳빳하던 결기를 가라앉히고 꿈을 잠재웠다.

분기탱천한 푸름을 내려놓고 조금씩 바래는 법을 배웠다. 바다가 제 몸을 졸여 만든, 단단하고 짜디짜고 반듯한 말씀을 품에 새겨 낯선 길에서도 시들부들 마르지 않고 어엿한 자태로 거듭날 줄도 알게 되었다. 치솟고 펄떡이는 것들이 삶의 소금기에 부들부들해진다고 순응이라고만 할까. 타협이라고만 할까. 미망에, 유혹에 빠져 부패하지 말라고 자신을 담금질해 온 방식이다. 숙성의 시간이고 거듭난 새로움이다.

불의한 것에 각을 세우고 찬란한 꿈을 품었던 시절이 가장의 무게에, 덜미 잡힌 생에, 부모의 이름으로 깨지고 고꾸라져 처박히던 시간도 있었다. 그때마다 고등어 두 마리는 한 손으로 부둥켜안고 시퍼런 바다의 수심이 얼마인지, 허방이 어디인지, 느닷없는 파랑은 또 언제 닥칠지 가늠하고 싸우느라 푸른 등에 물결무늬 상처를 만들기도 했다. 생존의 길 위에서 방향과 지향과 의지를 잃지 않으려고 검푸른 지표를 새긴 적도 있다.

비린 것을 좋아하는 그와 비린 것을 목에 넘기면 두드러기가 나던 내가 서로 품어서 만든 푸른 생. 촉촉하길 바랐지만, 가슬가슬하고 푸석거리는 날이 더 많았다. 서로에게 성실했지만, 마냥 띠듯하기만 한 건 아니었다. 서로의 염장을 질러 한숨과 분노가 허연 더께처럼 앉았던 시간인들 없었을까. 그래도 우리의 서사를 만들며 여기까지 왔다. 끝내는, 기꺼이 서로에게 염장이 되어주면서 다독이며 살아온 생이다. 지난하고 각다분한 삶이라고 짜고 쓴 곡절만 있었던 것도 아니다. 밍밍하고 싱거운 삶에는 짭조름함을 더하고 쓰디쓴 시간에는 달고 고소한 맛도 더하면서, 귀한 대접 받는 생선이 아니기에 더 애틋하게 온기를 주며 함께 걸어왔다. 고달픈 재 넘어 한고비 넘기면 또 다른 고비가 놓이는 게 인생길이지만, 훌쩍 커버린 자식의 독립을 앞두고 있으니 이만하면 여기까지 무사하지 않은가.

지금 선 자리가 우리 생의 어디쯤 될지 알 수 없지만 비틀거리거나 뒤뚱거려도 한 몸이 되어 나머지 서사도 엮어 갈 것이다. 간이 쳐지면 어떠리. 생물이어도, 간고등어여도 그 누구의 밥상에서 일용할 양식이 되어줄 것을. 그와 나, 우리 얼싸안은 생 또한 세상살이에 소박하게 스며들고 젖어가며 누군가에는 꼭 필요한 삶으로 이어지길 바란다. 어느 난전에 놓였다가 투박한 아비의 손에 들려 가는 뗏거리가 되어도 좋겠다.

거칠 것 없이 바다를 누볐던 고등어들은 지쳐 죽을 때까지 팔딱거리며 뛰어오르는 걸 멈추지 않는다. 그 자유의 속성을 버리고 비린내 배인 좌판에 한 생을 뉘었다. 기꺼이 자식들의 밥이 되고자 했던 아비, 어미도 한때는 뜨거운 자유였다는 걸, 시퍼런 신념이고 열망이었다는 걸, 이제 자식들도 그들의 길에서 알게 될 것이다. 짐승의 시간이, 폭풍의 바다가, 비린내 나는 눈물이 그들의 길을 완성해 간다는 것을.

상가 건물 모서리에 걸려있던 노을이 색색으로 고운 저고리 빛깔들을 흘리고 있다. 그중에서 한 색을 골라 몸피를 재고 셈을 치르는 동안 먼저 한복집을 나갔던 남편이 좌판 앞에 앉았다가 까만 비닐봉지에 한 생을 담아 들고 염증이 끓어오르는 무릎을 일으킨다. "쪼그리고 앉지 좀 말라니까." 기어이 하나 마나 한 잔소리를 뱉는다.

  길은 끔찍하다고 누가 말했던가. 모든 생은 길 위에 놓여 있는 것을. 남편이 천천히, 땅을 다지듯 걸어간다. 햇덧이 내 발걸음을 보챈다. 바다를 차오르고 등 푸른 산을 발맘발맘 걸어온 고등어 두 마리가 파시의 길 위에서 벙긋 웃고 있다.

에미 주꾸미

 나는 또 수족관 앞이다. 계절 음식점 '다도해'의 주꾸미 수족관은 출근하듯 드나드는 구립도서관 길목 횡단보도에 면해있다. 수족관 옆 플라스틱 화분에는 늙은 동백나무가 기를 쓰고 피워낸 붉은 꽃송이들이 뚝뚝 떨어지면서 봄날을 뜨겁게 만들고 있다.

 오늘 수족관은 새 물로 가득 채워졌다. 새로 입수된 주꾸미들이 연갈색 물방울무늬가 수놓인 물갈퀴를 우산처럼 활짝 펼치며 헤엄을 치고 있다. 좁은 수조 안이지만 미끈한 머리로 물을 가르면서 힘차게 발을 쭉쭉 뻗치고 하얀 빨판을 하나하나 세우면서 무희의 춤 선처럼 섬세한 모양을 만들기도 한다. 그중 성마른 놈 몇은 여덟 개의 발로 제 몸을 칭칭 감은 채 눌러놓은 꽃처럼 유리벽에 따닥따닥 붙어서 머리통이 부어오르도록 거친 숨을 내쉬고 있다. 낚시꾼들이 던져놓은 피뿔고둥이나 반짝거리는 캔 속에 들앉았다가 졸지에 잡혀 왔지만 아직은 견딜만하다.

하지만 시간이 지날수록 주꾸미들의 움직임은 현저하게 줄어든다. 다도해 주인이 봄철의 별미가 싱싱하게 살아있도록 쉴 새 없이 찬물을 공급하기 때문이다. 수족관 온도가 봄의 바다처럼 따뜻하면 주꾸미들은 활발하게 유영한다. 그러다 보면 서로 부딪혀서 자극받은 녀석들끼리 물어뜯기 때문에 움직임을 최소화하려는 것이다. 하루 또 하루, 살아남은 주꾸미들은 체온조절을 위해 제 몸을 칭칭 감고 수조 바닥에 붙어있거나 알이 가득 찬 머리를 늘어뜨린 채 속수무책 유리벽에 매달려 있다. 그들이 헤엄치던 푸른 연안의 따뜻한 물을 그리워하면서.

그날도 그랬다. 수족관에 입수된 지 사흘째. 날마다 도서관을 오가면서 안녕이라고 인사를 건넸지만 그새 안녕하지 못한 주꾸미들이 벌써 반 이상이었다. 북적대는 정오의 낌새를 알아챈 듯 수족관 바닥에 잔뜩 웅크리고 있는 녀석들 중 하나가 문득 움직이기 시작했다. 녀석은 조금씩 빨판을 움직여 반질반질한 유리벽을 타고 위로, 위로 올라오고 있었다. 그러고는 물을 공급하는 호스 때문에 살짝 벌어진 틈새로 달걀 같은 머리통을 들이미는가 싶더니 순식간에 온몸을 수족관 밖으로 빼내는 게 아닌가. 어! 하는 순간 녀석은 봄날의 햇살 한 줌 잡을 새 없이 그대로 보도블록으로 떨어졌다. 납작해진 주꾸미는 충격이 어지간했는지 죽은 듯 미동도 없더니 갑자기 파르르 다리를 떨었다. 웃음과 한탄이 동시에 터졌다.

마침 초록불로 바뀐 횡단보도를 건너려다가 뜬금없이 주꾸미의 삶과 죽음의 향방이 내 손에 있다는 거창한 생각이 들었다. 어차피 끓는 물로 들어갈 것, 지금 수조 안에 넣어 몇 시간 연명하는 게 무슨 의미가 있을까? 머뭇대다가 그래도 지금, 이 순간 살아있잖은가. 서둘러 주꾸미를 집어 수족관에 넣었다. 탈출 미수에 그친 녀석은 제 몸을 둘둘 말고 가만히 엎드려있다. 내가 녀석을 보자 녀석도 날 빤히 쳐다보았다.

어쩌다 우리는 이 자리에 있는 걸까?

나는 올해 초, 확신했던 재임용에 실패하고 학교를 떠나야 했다. 마음으로는 교실 문설주를 움켜쥐고 뻗댔지만, 손으로는 짐을 싸면서 머리가 부풀어 터질 것만 같았다. 수십 년 쉬지 않고 해오던 일이 하루아침에 무 자르듯 없어지고 차고 넘치는 지루한 나날이 천 갈래, 만 갈래로 엉클어져 날 덮쳤다. 학교 이전에는 어디에 있었는지, 무엇을 하면서 시간을 보냈는지 거짓말처럼 생각나지 않았다. 너는 연안의 시간이 생각나니? 내가 묻자, 주꾸미는 알이 가득 든 머리통을 떨구었다.

백화난만의 화사한 봄날, 어미 주꾸미들은 알을 낳기 위해 따뜻한 물과 먹이를 찾아 서해 연안으로 몰려든다. 그리고 머리에 가득 품은 알을 무사히 낳기 위해 피뿔고둥 안으로 들어간다. 알을 낳은 어미 주꾸미들은 오이씨처럼 미끈하고 예쁜 알을 빨판으로 세심하게 닦아주고 들숨 날숨 잘 쉴 수 있도록 물도 흘려보내 주면서 그렇게 보살피고 지키다가 마침내 탈진하여 죽는다. 그러니까 어미 주꾸미들의 꿈은 안전하게 알을 낳고 새끼들을 지키다 죽는 것이다. 하지만 사람들은 그런 주꾸미의 습성을 이용해 피뿔고둥의 껍데기에 구멍을 뚫거나 아예 플라스틱 소라 방을 만들어 주꾸미들을 유인한다. 더러는 다도해 주인장처럼 맥주 캔을 줄줄이 매달아 바다 밑에 가라앉히기도 하면서.

　내 꿈은 무엇이었을까? 훌륭한 교사? 따뜻한 선생님? 나는 남편이라는 소라 방에 안주하느라 너무나 쉽게 학교를 떠났다. 그리고 몇 번이고 뒤통수치는 삶의 속성에 밀려 결국 다시 학교로 돌아왔다. 새로운 세상은 차가운 물줄기를 퍼붓는 날이 더 많았지만 힘차게 유영하다 보니 내가 지켜야 할 것들을 꿈꾸며 살게 되었는데, 이제 또 어찌해야 하나.

　녀석들은 수족관 안에서 땡땡이 물갈퀴로 물방울을 튕기며 힘차게 유영한다. 이제 곧 지는 봄을 끌어안고 끓는 물로 들어갈 테지만 아직은 꿈틀거리는 생이니까. 탈출을 감행했던 녀석은 이제 없다. 그날 이후로 다도해 주인은 수족관 물갈이를 두 번쯤 더 했으니까. 어미 주꾸미는 펄펄 끓는 육수로 들어가는 순간 떠올렸을까? 수족관 위에 섰을 때 부시게 쏟아지던 푸른 햇살을, 그리하여 제가 품은 알들이 반짝반짝 투명하게 빛나던 순간을. 어쩌면 그 모험의 기억이 그를 행복하게 했을지도 모른다.

나는 얼마 전, 집에서 조금 떨어진 어느 시골 중학교에 채용지원서를 냈고 서류전형에 합격해 수업 시연을 하러 오라는 연락을 받았다. 남편이 먼저 펄펄 뛰었다. 애들도 다 컸고 그만하면 할 만큼 했으니 이제 미련 좀 그만 떨라고.

쉬어서 맘고생 중인 날 보고 아들도 이제 좀 쉬라면서, 집 떠나 혼자 사실 거냐고 에둘러 말렸다. 그래도 나는 수업 시연 지도안을 작성하며 즐겁다. 입시에 크게 얽매이지 않는 중학교라 예전부터 하고 싶었던 여러 가지 수업 모형을 구상하면서 도서관에서 참고 자료도 찾아보고 틈틈이 가족도 설득하면서 모처럼 피가 뜨겁다.

아직은 움직임이 활발한 입수 첫날인데 수족관 밑바닥에 가라앉은 어미 주꾸미 몇 놈이 꿈쩍도 안 한다. 죽은 걸까 싶어서 무릎을 굽히고 수족관에 눈을 바짝 대고 들여다

보니 온몸으로 불룩불룩 분기탱천한 숨을 내쉬고 있다. 살아있어서 다행이야, 살갑게 말 건네는 나를 향해 녀석은 온 힘을 다해 빨판을 곤두세우고 쭉쭉 발길질을 해댄다. 도서관을 오가느라 하루에 두 번은 만나는 너와 나, 우린 어쩌다가 여기서 만났을까? 내 물음에 녀석은 살아있으니까, 하면서 거품까지 문다.

부른 배를 잔뜩 내민 아내를 앞장세우고 젊은 부부 한 쌍이 다도해로 들어간다. 사장은 종종종 수족관으로 와서 뜰채로 주꾸미들을 건지며 그 와중에도 잊지 않고 내게 퉁을 놓는다.

"거, 구경도 사 먹어가면서 하소."

제 눈을 뜨고 맨 처음 본 세상은 고둥 속이었지. 따뜻한 그 기억 때문에 어미가 된 주꾸미들은 고둥 안으로 들어갔지. 제 어미가 품었던 꿈처럼 제 새끼를 지키지는 못했지만 이제 화창한 봄날, 저 산모의 몸으로 들어가 건강한 아기의 작은 뼈마디로 다시 태어나길.

죽음에 이르는 시간이야 저나 나나 알 수 없다. 이슬 시간만큼 가까이 와있는지, 동백이 수십 번 피고 지고를 되풀이할 만큼 저편에 있는 건지 알 수 없지만 이 순간 살아있으므로 탈출을 시도하고 꼬꾸라지기도 하면서 좁은 수조 안을 맹렬히 헤엄치는 것이다. 나이 든 나, 건강한 몸통과 팔다리로 땅에 서있다. 무엇을 꿈꾸지 못하랴.

  벽돌 다섯 장이 얹혀있는 수족관의 널빤지 뚜껑을 슬쩍 민다. 그리고 어미 주꾸미들에게 바다처럼 푸르른 봄 하늘을 한 뼘 내준다.

꽃을 세우다

 저기서 꽃 무더기가 걸어온다. 포개고 또 포갠 꽃숭어리들을 한 아름 안은 엄마가 만삭의 임부처럼 뒤뚱거린다. 꽃들이 앞을 가리고 잎사귀가 눈을 찌른다. 화사해서 더 가늠이 안 되는 무게가 묵직하게 배를 타고 내려간다. 그래도 씨억씨억 잘도 걷는다.

 염천의 햇발이 자글거려도, 엄동의 된바람이 칼춤을 추어도 기어이 희붐한 새벽길을 열어 꽃 떼를 몰고 간다. 동살 아래서 분홍, 오렌지, 보라, 연노랑 꽃주름이 일렁인다. 사람들이 꽃을 본다. 꽃만 본다. 깍짓동만 한 무더기에 가려 발은 보지 못한다. 꽃들이, 댕강 잘린 발목으로 그들의 꽃밭을 떠나왔음도.

 꽃집 앞에서 망설인다. 꽃 선물을 좋아하지 않으니 사는 일도 거의 없다. 그래도 작정하고 나선 길이다. 통유리 문으로 꽃꽂이하는 여자가 보인다. 연분홍 거베라 줄기를 들어 밑동을 자르고 침봉에 꽂는다. 순간, 장딴지가 찌릿해진다. 저 밑바닥에 가라앉았던 침봉의 날 선 촉감이 따다닥 퍼진다. 친정집 창고 방에서 먼지를 껴안고 층층이 쌓여있는 수반과 녹슨 침봉들이 부스스 몸을 일으켜 나를 끌어당긴다.

  손을 담글 때마다 수반의 물이 차란차란 차오른다. 엄마가 침봉에 꽃을 꽂는다. 그것은 뿌리가 잘린 꽃을 반듯하게 일으켜 세우는 일이다. 어떻게 뻗어나가든 쓰러지지 않도록 중심을 잡아주는 일이다. 흙과 식물의 뿌리는 서로를 끌어안고 산다. 뿌리가 흙을 붙잡지 않으면 흙은 바람에 날리고, 흙이 뿌리를 움켜쥐지 않으면 뿌리는 새들거린다. 그런 흙도, 뿌리도 없다면 날카로운 침봉에라도 서야 할 일이다. 수반의 물을 움켜쥐고 뼈로, 핏줄로, 오장육부로 보내야 할 일이다.
  하지만, 꽃들을 일으켜 세우고 활짝 피어나도록 받쳐주는 손길에는 자비가 없다. 쓰러지거나 기울지 않도록 단련하는 혹독함만이 있다. 차고 날카로운 침 위에 서는 맨발은 언제나 처연하다. 그래서 엄마의 꽃꽂이가 싫었는지도 모른다.
  하늘을 이고 촉촉한 흙에 발을 묻었던 시간을 떠올린다. 환한 햇살만 있던 것도 아닌데, 폭풍우를 가려주고 벌레를 잡아주던 다정한 손길만 있던 것도 아닌데, 때때로 생각났다. 엄마는 우리를 싹둑 잘라 그 꽃밭을 떠났다. 뿌리째 뽑을 순 없었으리라. 제가 가진 멋대로 자라게 두어야지, 스스로 빛살과 해충과 비바람을 견디며 뿌리를 키워나가고 자유롭게 가지를 넓혀가도록 해야지. 남의 일에는 입바른 소리도 쉽게 내는 법, 사람들의 허랑한 말씀들이 무겁고 아프기도 했겠다. 엄마는 그럴 수밖에 없었다고, 어쩔 수 없는 것을 포기하는 것도 자유롭게 날기 위한 첫걸음이라고 변명처럼 말했다.

그렇다고 상처가 사라질까? 아물기도 전에, 새살이 돋기도 전에 후벼 파는 침봉 위에서 상처는 덧나고 더 시렸다. 차라리 말라버리는 게 더 쉬울지도 모른다. 쓰러지지 않으려고 힘을 줄수록 침봉에 꽂힌 발은 허전하고 헛헛했다. 원래 뿌리가 있었던 사실을 아니까. 뿌리가 남아있는 그 꽃밭으로 가서 다시 흙 속에 발을 묻고 싶을 때도 있었으니까.

꽃집 주인이 밖을 내다본다. 눈이 마주칠까, 나도 모르게 움찔 고개를 돌린다. 오래전, 한적한 주택가에서 꽃집을 하던 엄마도 그렇게 자주 밖을 내다봤다. 팔리지 않는 꽃들이 목을 떨굴 때마다. 이슬 같은 생이나마 장하게 살아내고 마침내 땅에 누운 그들에게 잘 가시오, 인사를 건넬 때면, 나는 내게 묻곤 했다. 추레한 통속의 삶이어도 기어이 빳빳하게 허리를 세우던 엄마에게 꽃숭어리들은 지옥이었을까, 천국이었을까.

"북구문화예술회관에서 공연해요. 선생님 집 근처니까 꼭 오셔요. 보고 싶어요." 대학 입학해서 처음 참여하는 뮤지컬이라고 아이는 한껏 들떠있었다. 걸핏하면 집을 나와 애를 먹이던 아이였다. 담임교사인 나는 아이를 귀가시키기 위해 서글픈 내 유년의 역사까지 들먹이고 말았는데 아이는 어느새 번듯한 대학생이 되었다. 가끔 보내오는 메시지에는 벋나지 않고 잘 버텨준 시간이 보인다.

꽃꽂이는 생계 수단이고 위로와 축하, 헌화와 장식의 역할을 하겠지만, 상처와 결핍으로 흔들리는 존재들이 정처를 찾아 헤매는 것을 보면서 그 의미를 다시 생각하게 되었다. 가출 청소년들을 품어주고 숙식을 제공하는 사람들이나 수십 마리 유기견을 돌보기 위해 당연한 일상을 포기하는 사람들의 이야기를 접할 때면, 이들이야말로 침봉과 같은 존재가 아닐까, 그런 생각이 든다. 세상에 치이고 삶에 꺾인 꽃들이 똑바로 설 수 있도록 온기를 주는 사람들. '존재 이유, 꿈 많은 소녀, 나의 불안을 진정시켜 주세요' 이런 꽃말을 들어주는 사람들. 화사한 꽃에 가려진 침봉처럼 드러나지 않는 곳에서 그저 묵묵히 안아주는 사람들.

세상의 숨탄것들에 어디 만만한 생이 있던가. 어디에 뿌리를 내렸건 절로 생긴 건 없다. 겨우 호리만큼의 인연으로 뿌려졌어도, 썩지 않고 싹을 틔우기 위해 기다리는 시간은 자로도, 저울로도 잴 수 없을 길이와 무게일 것이다. 피우고 터트리느라 저도 어쩔 수 없는 생몸살은 또 얼마나 앓았을 것인가. 하물며 사시랑이 발목이야. 그 여정을 꼿꼿하게 갈 수 있도록 침봉은 그렇게 날을 세우는 것이다.

퍽퍽한 땅을 파헤치는 등 굽은 호미가 아니라서 찔리고 휜 손은 보지 못했을까. 여리여리 고왔던 엄마 손은 꽃 때문에 거칠고 울퉁불퉁하다. 손가락관절염을 달고 사느라 밤마다 앓는 소리를 낸다. 꽃에 매달려 사는 엄마를 이해할 수 없었다. 꽃이 아닌 작물을 내다 팔았으면 애처로웠을까. 채소는 씹어 삼키기라도 하지, 밥이라도 되지, 그렇게 뾰족하게 내밀고 달려드는 내 가시에는 또 얼마나 찔렸을까.

대학교 2학년, 등록금 마감 시간을 겨우 몇 분 남겨두고 정신없이 달려오던 엄마는 맨발이었다. 엄마가 제일 싫어하는 꼴로. 살면서 그런 일이 어디 한두 번이었을까. 그때는 몰랐다. 자식 넷이 벗나가지 않도록 그렇게 다잡아야 했음을. 자식들의 발을 침봉 위에 놓을 때 엄마는 눈물을 흘리지 않았다. 세상은 그보다 차고 서럽고 무섭고 아픈 곳이니까. 침봉처럼 강하고 수반처럼 단단한 어미가 되지 않으면 자식들을 세상에 번듯하게 내놓을 수 없을 테니까.

다감한 말 같은 거 빈말로도 못 하는 엄마에게 허기를 느낀 적도 많았지만, 사랑의 모습이 그뿐일까. 다시 뿌리를 내려주느라, 새살을 돋게 하느라 곤고했던 시간을 이젠 안다. 엄마에겐 꽃을 꽂는 일이 지옥 위에 천국을 세우는 일이었을지도 모른다.

스스로 피고 지는 꽃밭만 이야기하느라 그 꽃밭을 나온, 나올 수밖에 없던 꽃의 얘기를 듣지 못하는 건 아닐까, 그들에게 먼저 말을 걸고 시린 발을 어루만져 주고 벗나가지 않도록 살펴보았다. 선생으로서 그런 심지心志만은 가지려 했던 것도, 엄마의 심지心地는 웅숭깊다는 걸 은연중 알았기 때문일 것이다.

첫 월급을 고학생에게 내어주었다던 남동생을 떠올리면 시린 발을 침봉 위에 꼿꼿하게 세웠던 세월이 그리 아프지만은 않다.

꽃집 문을 열고 들어간다. 돌아보는 주인의 얼굴이 환해진다. 작은 꽃다발 하나 만들어 나오니, 저기서 꽃 한 송이가 걸어온다. 푸석거리는 생을 쇠심줄로 살아온 꽃의 맨발이 씨억씨억 걸어온다. 나도 꽃을 향해 걸어간다.

양치기 할머니

 오늘도 엄마의 명랑한 보고서가 도착했다. 보고서의 형식은 없다. 길고 세세할 때도 있고 거두절미 들이밀기도 한다. 종일 비가 와서 밖에 나가지 않았으니 걱정하지 말라고 한다. 이 보고서의 수신자는 자식들이고 엄마는 발신자다.

 어느 날, 큰동생에게서 전화가 왔다. 온종일 엄마와 연락이 안 된다고 걱정이 가득했나. 무슨 일일까. 여기지기 아는 대로 전화를 돌렸다. 아무도 엄마와 통화를 한 적이 없다고 했다. 불현듯 지인의 부친 이야기가 떠올랐다. 혼자 사셨는데 집에서 심장마비로 쓰러져 돌아가신 지 사흘 후에야 알게 됐다. 허겁지겁 성주 엄마 집으로 차를 몰았다. 호들갑스러운 내 목소리에 놀란 동생들이 포항에서, 고령에서 다들 출동을 했다.

 집안은 물론이고 뒤란, 엄마 집 주변, 대숲 언저리 어디에도 사고 흔적은 없었다. 또 밖에서 사고가 났다면 벌써 연락이 왔을 거다. 비로소 온몸이 오그라붙을 것 같던 긴장이 풀렸다. 다리가 후들거리고 어지러워 방바닥에 주저앉았다. 물끄러미 엄마의 부재를 바라보았다. 늙은 엄마는 늘 이렇게 바람벽에 기대고 앉아 딸네들이 오기를 기다리고 있었을까? 빈집을 가득 채우고 있는 적막이 저리게 아팠다.

어둠보다 더 무겁고 깊은 침묵을 깬 것은 문득 마당을 들어서는 작은 물체였다. 엄마가 왔다. 이제 살았다! 엄마를 붙들고 딸네들이 난리를 쳤다. "어미 걱정 많이 했구나." 엄마 얼굴에 웃음이 번졌다. 전화는 왜 안 받았냐고 물었다. "아이고, 내 정신 좀 봐라. 어제 교회에서 무음으로 해놓고 까맣게 몰랐네." 무음으로 해놨으면 바로 해제하라고 신신당부했다.

그러나 그런 일이 자주 벌어졌다. 그날은 새벽부터 서울에 갔다가 저녁 늦게 돌아오는 길이었다. 또 엄마와 연락이 먹통이라고 동생이 걱정하는 바람에 성주로 차를 돌렸다. 엄마는 멀쩡했다. 다 저녁에 어쩐 일이냐고 반가워했다. 또 휴대폰을 무음으로 해놔서 자식들이 애태운 걸 모르는 것이다. 엄마는 무음으로 한 사실조차 까맣게 잊었다. 그래도 무사하니 다행이라 여겼고 감사했다.

하지만 이런 일이 여러 번 생기니 부아가 났다. 전화를 안 받으면 또 무음으로 해놓고 잊었나 보다 생각은 하지만, 노인네 안위가 걸린 문제이니 확인이 안 되면 불안하다. 집

전화까지 해지하고 난 뒤에는 더 그랬다. 언제부턴가 엄마는 집 전화를 받지 않았다. 쓸데없는 용건이 대부분이라 딴은 그렇기도 할 것이다. 적막한 집에 갑자기 전화벨이 울리면 깜짝깜짝 놀란다고 했다. 어떨 때는 욕실에서 급히 나오고, 설거지하다가도 쫓아가고 그러다가 미끄러질 뻔도 했다. 그렇게 허둥지둥 받으면 여론 조사거나 필요 없는 내용이 대부분이다. 결국 엄마는 속 시끄럽다고 해지하고 말았다.

그러니 엄마가 휴대폰을 받지 않으면 달리 알아볼 방법도 없어서 친정까지 차를 몰아와야 하는 것이다. 다짐받고 또 다짐해도 안심이 안 됐다. 그래서 정말 이러다가는 양치기 소년이 된다고 엄마를 겁줬다. 이런 일이 반복되면 울 엄마 또 무음으로 해놨겠지, 흘려버린다고, 정말 일이 생겨도 아무도 안 온다고 단호하게 말했다.

그렇겠구나, 엄마는 바짝 긴장하는 것 같았다. 정말 그랬을까? 엄마는 열두 번도 더 알았다 해놓고 또 그런 일들이 생겼다. 무음으로 해놓고 본래대로 돌려놓는 건 자꾸 잊는다.

그런데 노인네가 휴대폰을 무음으로 하는 건 왜 그렇게 철저하게 지킬까? 다른 사람들에게 폐 될까, 그건 겁나는 거다. 그러면 자식들의 복장거리는 겁나지 않는 걸까?

어쩌면 엄마는 적적해서 자식들을 불러 모으려고 일부러 그러는 걸까? 양치기 소년도 심심해서 그랬는지도 모른다.

그게 안쓰러우면서도 제발 우리 걱정 좀 시키지 말라고 또 소리 지르고 말았다.

얼마 전, 읍사무소에서 엄마 집에 위급 연락 경보기를 설치해 줬다. 집 안에서 일정 시간 사람의 움직임이 감지되지 않으면 읍사무소에서 확인 전화가 온다. 또 가족 중 한 명이 경보기로 엄마를 호출할 수도 있다. 가족 중에서는 내가 등록했다. 물론 호출은 엄마가 집에 있어야만 가능하지만 최소한의 장치는 된 것 같아 조금 안심이 된다. 그래도 신신당부했다. 엄마가 우리한테 전화하라고. 장마철에 전화 안 되면, 폭설이 내렸는데 연락 안 되면 엄마 자식들 속 부대껴 죽는다고. 그래서 엄마가 우리에게 보고서를 제출하는 것이다.

날마다 가는 천변에는 늙은 벚나무들이 늘비하다. 몸통에는 자잘한 버섯들이 다닥다닥 붙어있고 밑둥치에도 검푸른 이끼를 잔뜩 안고 있다. 그래도 봄이 되면 얼마나 많은 벚꽃을 팡팡 터뜨리는지 모른다. 엄마도 늙은 벚나무처럼 자잘한 물혹이며 검푸른 검버섯을 여기저기 달고 살지만, 새봄의 화사한 나무처럼 오래오래 피어났으면 좋겠다. 아니 늙은 엄마가 적적해서 짐짓 양치기 할머니가 되어도 좋겠다.

정오의 햇살이 거실에 환하다. 오늘도 늙은 엄마의 명랑한 보고서가 환한 문장을 쓰고 있다. 내 마음도 덩달아 따뜻해진다.

웃는 바다

저벅저벅, 아비들은 바다를 걸어갔다. 잔별만큼이나 많은 바다의 숨탄것들 사이로. 아비들의 등은 흘수선에 반짝이는 윤슬처럼 아득하고 눈부셨다.

항구에 어깨를 겯고 늘어선 배들이 물너울에 일렁인다. 8천 년 전, 이 땅의 사내들은 허허바다에 통나무 속을 파낸 소나무 쪽배를 띄웠다. 세계에서 가장 오래된 배의 흔적이다. 비봉리 유적지에서 발견된 배의 파편과 휘어진 노는 선사시대 아비들의 바닷길을 증명한다. 어쩌면 본향에의 본능적 꿈틀거림이었을지도 모른다. 아비들은 일찌감치 바닷길 삶을 알아챘고 거침없이 나아갔다.

낙조가 물마루를 황금빛으로 바림질한다. 서쪽 하늘 끝에 매달린 햇덩이가 아쉬운 듯 지칫지칫 손을 놓는다. 오늘의 석양을 삼킨 바다가 까치놀을 토해낸다. 주황을 뒤집어쓴 바닷새들이 희번덕거리는 까치놀 속으로 뛰어든다.

카메라에 담긴 바다가 내 손을 당겨 그 옛날 여기 서있던 어린 나에게로 데려간다. 그 옆에 젊은 엄마가 서있다. 아버지는 보이지 않는다. 나도 모르게 두리번거린다. 그날처럼 아버지를 찾고 있다. 저 멀리 끌배를 따라가는 바지선이 보인다. 거기에 한참 눈길이 머문다.

같은 시간과 공간을 공유해도 저마다 기억의 방식과 풀어내는 서사는 다르다. 엄마는 아버지와 같이 왔던 채석강을 말할 때면 언제나 즐겁다. 그러나 내가 기억하는 그 바다는 끝없는 모래와 정수리에 뜨겁게 쏟아지던 햇발뿐이었다. 바다로 가는 시외버스에서 멀미에 시달렸고 토할까 봐 비닐봉지를 입에 물고 있던 것도 창피했다. 왁자한 사람들의 땀 냄새와 소음에서 벗어나 그제야 마음 놓고 한숨 내쉬던 순간, 한길까지 훅, 불어오던 비릿한 냄새에 다시 느글거렸다. 칭얼대는 막내를 업고 앞장선 엄마를 따라 딸 셋이 앞서거니 뒤서거니, 해수욕장까지 걸었던 그 길은 지루하고 아득했다. 나는 아버지가 따라오는지 확인하느라 두리번거리곤 했다.

해안 절벽은 퇴적암 층리마다 노을을 꽂아 백화난만의 색을 흘리고 있다. 그러나 어린 내게는 그저 뜨겁고 거대한 바위였을 뿐이다. 물 빠진 채석강에 우두커니 서있던 열두 살의 나는 바다가 내쏘는 햇발에 어지럼증이 났다. 사진첩에는 잔뜩 얼굴을 찡그리고 서있는 내 모습이 들어있다. 모래밭에 묻혀 까맣게 탄 얼굴만 빼꼼 내밀고 있는 동생들도 보인다. 그 옆으로 촌스러운 생머리의 엄마가 멍하니 바다를 보고 있는데 떠오르는 그림 속에도, 사진첩에도 아버지만 없다. 그때 아버지는 거기에 바다를 놔두고 어느 바다를 헤매고 있었을까.

울긋불긋 번득이는 너울이 하얀 메밀꽃을 일으키며 채석강 단애를 쳐댄다. 바닷물의 침식과 파도의 합작품인 채석강은 아득한 세월이 흐르는 동안 깎이고 닳아서 신비로운 경관을 만들어내고 있지만, 아버지와 자식들의 합작품인 엄마의 늙은 층리는 주름살 켜켜이 어떤 이야기를 담고 있을까.

벌이줄처럼 드세다고 했다. 고물의 몽깃돌처럼 딱딱하다고도 했다. 그것이 합당한 이유라도 되는 양, 아버지는 당당하게 표류하는 배가 되었다. 바다를 밀고 당기는 달처럼 능란하고, 바다를 흔드는 바람처럼 당당하고 싶었지만, 엄마는 그 무엇도 되지 못했다. 대신 벌이줄을 풀고 몽깃돌을 들어 올려 남루한 뱃전을 끌어당겼다. 캄캄한 앞날을 드레드레 짊어지고 서걱거리는 세상의 바다로 나갔다.

렌즈 속으로 은빛 머리카락을 넘기는 엄마의 강파른 손이 들어온다. 김치, 하면서 늙은 입술이 벌어진다. 늘어진 주름마다 끊어질 듯 접히고 갯벌처럼 쩍쩍 갈라져 한 모라기 바람에도 날려버릴 판인데, 바스락 얇은 몸피에서 나오는 해맑은 웃음은 속수무책이다. 대체 어느 틈 사이의 결마다, 뼈마디마다 숨어있다가 문드러지지 않고 저렇듯 뽀얀 생살로 다시 솟아나는 걸까. 엄마의 저리고 비린 세상사는 어찌 저리 속도 없이 웃는 바다를 만들고 있을까.

 아비들, 낡은 용골처럼 비린내 나는 생의 구부러진 등뼈를 바다에 띄우고 있다. 어미들은 아랫배로 스멀스멀 기어오르는 돋을볕을 꿰어 오늘을 깁는다. 어미들이라고 바다에의 그리움을 잃었을까. 휘적휘적 바다를 걸어가고 싶었을 것이다. 허연 배를 드러내고 푸르게 누워 창파를 둥둥 떠다니다가 한 번쯤 갈퀴손이 되어 저 바다를 후련하게 후려치고 싶었을지도 모른다.

 그러나 어미들은 바다의 뿌리가 되었다. 파도가 수그러드는 갯가에서 혼곤하게 떨어지는 햇살에 기대 꾸덕꾸덕 말라가는 물고기를 나누는 대신 제 안에 다시금 바다를 구겨 넣었다. 그 뱃심으로 기도한다. 그 누구라도 무사한 오늘이길. 만선과 풍어만을 바랄까. 빈 배일지라도 무사히 돌아와 내일의 바다를 기약하길, 갯가에 얼굴을 묻고 기도한다. 돌아갈 바닷길을 잃고 먼바다를 헤매는 아비들을 기다린다.

 바다의 함의 같은 거 생각하지 않는다. 자신이 품고 키우고 내보낸 것들, 또 그것들이 만들어가는 한생이 무사하기만 바랄 뿐. 그렇게 어미들은 웃는 바다가 되었다.

탱자

 엄지발톱이 또 사고를 쳤다. 이번에는 새로 산 스타킹이다. 두껍게 변한 발톱을 염두에 두지 않은 건 아니다. 약도 바르고 조심했는데 모두 모인 자리에서 불쑥 못난 얼굴을 디밀어 사람 무안하게 만든다. 오후엔 탱자도 따러 가야 하는데 모임이라고 어쭙잖게 차려입은 내 잘못이긴 하다.

 옆자리 친구는 깔끔하게 다듬어진 발톱마다 꽃이 피었다. 화사하고 거침없는 성격 그대로다. 하긴 콘크리트 틈에서도 꽃이 피는데 발톱쯤 대목 삼아 뭔 꽃인들 못 피울까. 그럴 주제도 못 되는 나, 슬그머니 엄지발톱을 깔고 앉으면서, 이게 나라는 생각에 피식 웃고 만다. 발톱은 힘이 없다. 잘하는 것도 없다. 손톱도 무기가 되는데 발톱은 무기력하다. 멋쩍게 제 종아리나 긁어대든지, 제 살 안으로 파고들어 끙끙 앓기나 하지.

 한창 무르익은 모임은 이제 자식들 이야기로 와자하다. 아들이 대기업에 들어가서 축하 플래카드를 내걸었다는 지인의 말에 웃음꽃이 만발한다. 너도나도 피워내는 화려한 입담에 그만 풀이 죽는다. 나이가 이만하면 넉넉하게 섞여 웃어줘도 그만이고 답답한 속내를 풀어내도 좋을 것을, 꽃자리 좁은 나는 탱자를 핑계 삼아 일어나고 만다.

세상은 잘나고 별나고 반짝이는 것들로 넘쳐난다. 나이 때문에, 성별 때문에 못 할 것이 없다. 그런 틈바구니에 끼여 사는 일이 쉽지 않은 건 나만의 문제인가. 모두가 다 열정 넘치고 발전적인 모습으로 살아야 하는 건 아닐 텐데, 세상에 널려있는 활력과 재능에 주눅 들고 세상사 쉽게 섞이지 못해 머뭇거린다. 그러면서도 못난 속내를 들키지 않으려고 기를 쓴다. 미리 알아서 남의 기색부터 살피고 그것을 배려라 위장하면서 대범한 척, 관대한 척 살아왔다.

그런 내가 만만한 걸까? 바닥을 딛고 일어서면 생은 또다시 발목을 걸어 고꾸라뜨린다. 엄지발톱은 스타킹이라도 뚫어버리지, 열 고비, 스무 고비를 넘겨도 또 다른 고비를 들이미는 이 못된 생, 어떻게 해야 후련하게 한 방 먹일 수 있을까? 여전히 소식 없는 작은아들이 혹여 한 줄 메시지라도 남겼으려나, 기대했던 마음을 쓸면서 친정으로 향한다. 하늘은 푸르고 마음은 우중충한 먹구름이다.

수수하다 못해 이름조차 촌스럽다. 가시투성이 탱자는 날선 아들과 닮았다. 그래서 자꾸 탱자나무로 가는지도 모른다. 불쑥 집을 나간 아들은 몇 달이 지나도록 돌아오지 않는다. 전화도 받지 않고 메시지를 보내도 모른 척이다. 다 큰 자식이니 제 요량이야 하겠지만 대체 어쩔 작정일까 답답하다. 조릿조릿, 피가 마른다. 불쑥이라고 말하지만, 아들은 긴 시간 마음에 담은 상처가 깊었나 보다. 아이의 그릇이 어떤 모양이고 어떤 크기와 깊이를 지녔는지 지켜보지 않고 안달부터 냈다. 그럴 때마다 아들은 서글픔에 온몸을 뒤척이고 있었나 보다.

어떻게 했길래 애가 아직도 소식이 없어. 제 외할머니가 혀를 찬다. 속을 들들 끓이면서 탱자를 딴다. 하지만 탱자라고 만만할까. 쏟아지는 햇살은 눈을 찌르고 빳빳한 가시는 빽빽하게 엉클어져서 손목과 팔을 찔러댈 뿐, 제 것을 내어주지 않는다. 하나같이 동글동글 피워내면서 소가지가 보통이 아니다. 하긴 제 가시로 제 몸을 찌르면서 피워낸 꽃이고 열매 아니던가. 아들의 손을 잡고 얼굴을 만지고 어깨를 토닥이듯 탱자나무 속을 어르고 달래본다.

탱자는 생긴 그대로 본성을 유지하는 나무다. 흔히들 강남의 귤을 강북에 옮겨 심으면 탱자가 된다고 말하지만, 실은 귤나무를 북쪽 추운 데 심으면 얼어 죽고 귤나무 접을 붙일 때 바탕이 되었던 탱자나무는 살아서 탱자가 열리는 것이다. 탱자는 귤처럼 달고 반지르르하지는 않지만, 오롯이 자신만의 향기와 빛깔을 담고 단단해지는 존재이다.

나는 언제나 아들이 사람과 세상의 구미에 맞게 변화하길 원했다. 자신의 뚝심대로 나아가려는 아이를 까다롭고 모난 성격이라고 탓하면서 행여 남의 눈에서 벗어나는 행동은 아닐까, 다른 이들과 두루두루 섞이지 못할까, 걱정하고 잔소리만 늘어놓았다. 주변머리 없는 날 닮을까 봐 내심 걱정했던 것도 사실이다. 어쩌면 나와는 다른, 화려하고 잘난 돌연변이가 나타나길 바란 것인지도 모른다. 탱자보다는 귤처럼, 찔레보다는 장미처럼 우성인자가 나타나길.

탱자가 울 밖으로 탱탱 떨어진다. 하나도 놓치지 않으려고 까치발까지 하고 팔을 뻗치다가 어, 어, 어! 그만 발을 삐끗하고 만다. 발가락이 얼얼하다. 주저앉아 신을 벗어 보니 새끼발톱이 반쯤 떨어진 채 피가 맺혔다. 필시 피멍이 들 것이다.

그 순간 나는 알았다. 못난 발톱이 하는 일을. 더 높이 날기 위해 까치발을 하고 종종거릴 때 발톱은 나를 든든히 받쳐주고 버티게 해준다. 앞을 향해 질주할 때 꼬꾸라지지 않도록 지탱해 준다. 그러다가 지나치다 싶으면 나를 흔들어 비틀거리게 만든다. 그만 되었다고, 조금 쉬어 가라고 제 온 힘을 다해 막아내는 것이다.

맨발로 탱자나무 아래 선다. 우두커니 탱자를 본다. 간섭

하지 않고 놔두면 씨억씨억 알아서 하는 본연의 품성을 보지 않았다. 더디 가도 제가 가고자 하는 길을 가려는 아들에게 세상의 잣대를 들이밀면서 바닥을 기는 발톱이 아니라 하늘을 이는 머리가 되라고 했다. 번듯해 보이는 신발에 맞춰 발을 욱여넣으라고도 했다. 발톱쯤이야 가리거나 깔고 앉으면 그만이라고도 생각했다. 아들은 가족에게 먼저 존중받고 이해되길 원했는데 나는 세상의 눈치를 먼저 보았다. 단단한 마음으로 믿어줘야 했다. 따뜻하게 지지하면 되는 거였다. 이제야 그의 바람이 무엇인지 보인다.

탱자는 귤처럼 따서 당장 먹을 수 있는 과일이 아니다. 약재로 쓰건 청을 만들건 술을 빚건 숙성의 시간을 거쳐야 얻을 수 있는 기다림의 열매다. 아들도 제 꽃을 해사하게 피워내기 위해, 가족 곁으로 돌아오기 위해 뚝기의 시간을 보내고 있을 것이다.

잡아떼려고 해도 찌릿찌릿 아파서 내버려두었던 새끼발톱을 살살 얼러가며 들춰본다. 그 아래 숨어있던 여리고 투명한 새 발톱이 분홍빛 얼굴을 쏙 내민다. 내버려둬도 제가 알아서 예쁜 꽃을 피우는, 못난 발톱에도 따스한 힘이 있다.

현관

아버님의 지팡이가 보이질 않는다. 늘 현관 벽에 기대있던. 제집으로 돌아가는 자식들과 그 식솔들의 떠들썩한 인사를 받으면서, 잘 가라고 손을 흔들며 승강기 문이 닫힐 때까지 마냥 현관에 서 계시는 것은 예전부터 아버님의 한결같은 배웅 방식이었다. 거동이 불편해지면서부터는 지팡이를 사용하셨다. 현관까지 부축해 드리는 자식들의 온기가 좋으셨을까? 말려도 소용없었다. 문밖출입을 할 수 없게 된 아버님에게는 그게 바깥세상과의 소통이었을지도 모른다.

남편도 의식했는지 시누이에게 지팡이의 소재를 묻는다. 요양병원으로 가신 뒤 치웠어. 자꾸 생각나서. 여태 아버님을 모시고 살았으니 그럴 만도 하다. 아버님과 같이 늙어가던 지팡이가 야윈 몸을 힘겹게 기댔던 현관은 이제 비어있다.

안과 밖을 가로지른 경계 같은 것, 아랑곳없다. 미리 당부했는데도 새벽부터 들이닥친 이삿짐센터 직원들이 온 집

안을 헤집고 다녔다. 평생 살 거라고 내 동선에 맞춰 가꿔온 살뜰한 공간을. 하루에도 몇 번씩 드나들면서 우리가 나누던 인사와 웃음소리, 지지지지 내 잔소리까지 가득가득한 이 현관을!

 어디서부터 잘못됐던 것일까? 잘 살았노라고 믿었던 삶이 실은 허방에 빠진 세월이었다는 게 도무지 믿기지 않아서, 앞으로 살아내야 할 일이 너무 막막해서 허방지방 어쩔 줄 모르고 있는데 휴대전화가 울렸다. 휴식년으로 미국에 가셨던 아주버님이 왔으니 애들 데리고 와서 인사드리라는 아버님의 명이었다. 지금 이사 중이라고 말씀드렸지만, 이 년 만에 시숙이 왔는데 이사가 문제냐고, 짐 정리는 천천히 하고 당장 오라고 꾸중하셨다.

 월세로 들어간 아파트는 문틀마다 틀어져서 서로 들어오려고 들이박는 살바람 때문에 앓는 소리를 내고 있다. 노년의 아버님이 받을 충격을 생각해, 길바닥에 나앉을 지경이 돼버렸어도 속사정을 말하지 않았으니, 아무것도 모르시는 아버님은 그럴 수도 있는 것이다. 그랬으면 그만인데 마음속 돌멩이들이 자꾸 왈강왈강해 댔다. 아주버님 이삿날이 떠오른 것이다. 이사하는 걸 알고는 있었지만, 사는 지역이 다른 데다 우리는 출근해야 하니 그러려니 하고 말았다. 그런데 아버님은 형제가 이사하는데, 가보지 않았다고 우애

없음을 꾸짖으셨다. 그러시던 분이 우리 이삿날에는 우리 보고 만일 제쳐두라신다. 언제나 잘난 아들만 챙기시는구나, 사시랑이 같은 마음보에 자꾸 소소리바람이 일었다.

다복을 이룰 나이에 다 잃었어도 아버님께 생활비 드리는 날은 잘도 돌아왔다. 이 땅에서 소작농의 아들로 태어나 가산을 일으키며 아들딸 다섯 명을 대학까지 보냈으면 그 삶이 어쨌을까 되짚어 보지 않아도 짐작 가는 일이다. 생때같은 아들이 네 명이나 되는데, 연로하신 아버님의 생활비를 담당하는 것은 당연한 도리였다. 그래도 생활비를 송금하려던 손이 자꾸만 멈칫거렸다. 남편 월급은 빚 갚는 데 쓰이고, 나는 보란 듯 떠났던 학교에 다시 나가면서 가계를 꾸려가는 중이었다. 자분치에 흰빛을 달고도 꽃자리가 좁은 나는 돌멩이들이 들쑤셔 댈 때마다 아프고 아까웠다.

그동안도 쭉 드렸으니 이만하면 됐어. 지금은 우리 사정이 더 급하잖아. 당분간인데, 뭐. 한 명쯤 안 드린다고 무슨 일이야 있겠어? 잘난 자식이 더 드리면 되는 거지. 사람 마음을 한 번씩 가시덤불로 만드는 아버님은 또 어떻고.

복장거리 때문에 잠들지 못하고 뒤척이다 맞는 아침은 깊은 우물에 빠진 것처럼 아득하기만 한데, 문득 작은 아이가 웅얼거렸다. "엄마는 이제 우리가 학교 가는데도 나와 보지를 않네." 큰아이가 조용히 하라고 제 동생에게 종

주먹을 댔다. 그런 아이들을 보니 나만 힘들다고 징징거린 게 너무나 한심스러웠다. 옹송망송한 정신부터 가다듬고 현관에 섰다. 작은아이는 신을 신다가도 나를 보았고, 앞으로 쏟아진 가방을 다시 고쳐 매면서도 나를 보았다. 그런 아이의 등을 가만히 도닥여 줬다. 그리고 알았다. 현관에 서서 늘 자식들을 배웅하던 아버님의 마음을.

 현관은 기다림의 자리이고 다시 시작하기 위해 운동화 끈을 여미는 자리였다. 세상의 풍파로부터 지켜주는 자리이고 우리를 울게 만든 세상으로 다시 나가게 하는 자리였다. 내가 아금받게 모으고 가꾸던 것들은 한순간에 날아가 버렸다. 언제고 손아귀를 빠져나가는 물처럼 허망한 물질 때문에 작은 도리마저 망설인다면 아이들 앞에 어떤 낯빛으로 서겠는가. 마음을 다잡으니 까마득한 길도 앞이 보였다.

 어느 날, 가만히 날 부르신 아버님이 내 손을 꼭 잡으셨다. "젊은이, 암말 안 해도 다 안다. 내가 나이를 공으로 먹었겠냐. 그동안 무던하게 잘 참아줘서 정말 고맙다." 주름과 굳은살만 남은 아버님의 손은 크고 따뜻했다. 암만 나이를 먹어도 보이지 않는 속까지는 헤아리지 못하는 가벼운 나를 천금같이 울렸다. 내 가슴속 돌멩이들 위로 따뜻한 물이 넘실거렸다.

병원 유리문을 사이에 두고 아버님과 만난다. 아버님이 울면 어쩌나, 생각만으로도 눈물이 나올 것 같은데 깔끔하게 이발을 한 아버님은 우리를 보고 싱그레하신다. 이렇게나마 만나는 시간이 앞으로 얼마나 더 될까. 큰 나무처럼 서서 우리를 배웅하시던 현관으로 돌아오실 수는 있을까?

아버님이 입에 마이크를 대고 늘 하시던 말씀을 띄엄띄엄, 천천히 들려주신다. "운전 살살 해라. 우애 있게 살아라. 남에게 폐 끼치지 마라." 잠깐의 면회가 끝나고 간호사가 휠체어를 돌리자, 아버님도 고개를 돌려 우리를 보신다. 우리는 두 손을 흔들며 웃음으로 아버님을 배웅한다.

우리를 울리고 고꾸라지게 하는 밤의 시간은 언제나 아침을 달고 온다. 꾸깃꾸깃 구겨진 자식들의 밤을 펴느라 구부러진 아버님의 아침이 오래오래 푸르길 바란다.

시어머니의 뜨개질

 가을볕 가득한 대청마루 창 아래서 시어머니는 아직도 뜨개 중이다. 이따금 동그란 등을 펴고 가을 햇살이 부신 듯 눈살을 찡그리면서 창 너머를 내다보는 일 말고는 한나절 내내 뜨개질에 열중해 있다. 윤기 잃은 흰 머리칼이 목덜미 위로 깡충 올라붙어 늙은 어깨가 더 시려 보인다. 스웨터라도 덮어드려야지, 돌아서는 내 발목을 가슴속 대꼬챙이가 불쑥 붙들어 맨다. 애도 아닌데 한기가 들면 요량하시겠지. 볕도 저렇게 많은데.

 어머니는 대청마루에 내려앉아 꼼지락거리는 햇살 속으로 두 손을 넣어 당신의 뜨개 것을 지긋이 비춰보고 있다. 반쯤 짠 작은 조끼의 앞판에는 노란색, 하늘색, 갈색 가을이 담겨있다. 무슨 생각을 하셨던 걸까, 홀로 빙그레 웃는다. 눈도 잘 안 보인다면서 뜨개질은 어떻게 하시느냐고 물었을 때, 웃음을 문 어머니가 그러셨다. 저절로 다 해지는 거지. 이 손으로 짜서 입힌 세월이 얼만데 눈 좀 안 보인다고 손바닥만 한 아 조끼 하나 못 짜겠나.

색상 배열을 어쩜 이렇게 예쁘게 하셨냐고 묻는 형님의 감탄사가 문밖으로 흘러나온다. 안방에 들어서려던 난, 그만 멈칫거린다. 다정한 고부간이 빚어내는 그들만의 영토가 낯설고 부러워서 그냥 돌아서고 만다. 친정에 가겠다고 말해봤자, 싫은 소리나 들을 것이다. 큰집 질녀들이 그들의 시집에 갔다가 명절을 치르고 자기 친정에 오면 아버님께 인사드리겠다고 꼭 찾아온다. 그러면 우리는 그네들 밥 수발을 들어야 한다. 나는 아직 엄마한테 명절 인사도 못 했는데. 명절이라고 한 번도 제날 맞춰 친정에 간 적이 없다. 다음 날이라도 가면 동생들을 볼 수 있을 텐데 그것도 어렵다. 그뿐인가. 추석 사흘 후면 남편 생일이라고 그것까지 치르고 가라실 게 뻔하다. 친정엄마는 부모도 아닌가? 당신은 줄줄이 아들에다 다정한 남편까지 있으면서 혼자 사는 엄마한테 가보라고 늠늠하게 마음 좀 써주면 안 되나? 내가 새침하다고 할 건 또 뭔가. 성격이 그런 걸, 그게 뭐 잘못이란 말인가?

지금 어머니는 하늘색으로 코를 이어가고 있다. 여물어가는 가을이 딱딱하고 까칠한 어머니 손에서 고운 빛으로 번지고 있다. 촌, 스, 러, 워. 나는 혼자 중얼거린다. 손바닥만 한 조끼에 담긴 가을 하늘을 훔쳐내고 싶다. 그런 마음 한

편으로 가을 하늘을 짓느라 골몰했을 어머니가 좀 안되었다. 어머니는 자랑하는 것처럼 그렇게 뜨개질을 잘하는 건 아니다. 눈 밝은 시절에야 어쨌는지 모르겠지만 지금 어머닌 헛손질로 대바늘에 손등을 찔리기 일쑤고 때때로 한 코씩 빼먹고 건너가기도 한다. 어눌하고 둔해서 보기에 딱하다.

마음의 갈퀴는 여기저기를 함부로 들쑤시며 시린 멍을 남긴다. 이렇게 한갓진데 내가 오기만 기다릴 친정에 좀 보내주면 어때서. 형님은 조카를 끌어안고 자고 있다. 아이고, 우리 장군. 같이 사는 손자는 먹음새 복스럽다고 연신 허허 웃으면서 우리 애한테는 깔짝거린다고 흉이나 보고. 나는 어머니께 타드리려고 꺼냈던 유자차를 다시 냉장고에 집어넣고 주방을 나온다.

어머니는 창 너머로 흔들리는 감나무 이파리에 눈을 두셨다가 더 멀리에 서있는 대추나무에 눈길을 주기도 하면서 눈을 비빈다. 오늘은 종일 뜨개질을 할 모양이다. 어머닌 뜨개질 코를 세느라 고개를 끄덕이다가 헛갈리는지 다시 또 처음으로 돌아가서 고개를 주억거린다. 그러다 어느 순간 코 세는 걸 포기하고 눈동자가 빠지라고 비비고 또 비빈다는 걸 나는 안다. 어머니 눈꼬리엔 늘 허연 눈곱 같은 게 매달려 있다. 몸이 안 좋을 때는 밥상 위에 놓인 반찬을 구별하지 못한다. 이십 년도 더 지닌 당뇨 때문이다. 그러면서 뭐 한다고 애 조끼는 저래 짜는가. 이런 마음 저런 마음이 뒤엉켜 괜히 서럽다.

어머니가 느닷없이 시장엘 가자고 하신다. 한바탕 들이닥친 손들을 다 치르고 이제야 한숨 돌리려는데 말이다. 불퉁해서 따라나선다. 그나마 아이는 시누이가 봐준다고 하니 조금은 홀가분하다. 명절 뒤끝이라 문 닫은 가게가 태반인데 어머니는 개의치 않고 시장 안을 거침없이 가신다. 종종걸음으로 따라가니 그릇집이다. 어머니는 유리그릇의 뚜껑 아귀가 잘 맞는지 여닫아 보고 크기도 가늠해서 몇 개를 산다. 그리고 무심하게 말하신다.

"사돈이 무말랭이랑 삭힌 콩잎을 좋아하신다고? 여기 담아 가면 안 새고 딱 좋겠다. 그자? 그리고 조끼도 다 짰다. 아는 그거 입혀서 가라, 알겠나?"

가을바람이 칼칼하다. 오해와 불평만 했던, 부끄러운 나는 눈길 둘 데가 없다. 대답이라도 잘할 것이지, 고개만 주억거린다. 손수건을 쥔 어머니 손이 자꾸 눈으로 간다. 어머니, 흙먼지 조심하세요. 이렇게 말할까? 아니, 어머니 팔짱을 껴드릴까? 이것도 저것도 망설인다.

불현듯 내 눈이 따끔거린다. 흙먼지가 들어갔나 보다. 손으로 비벼도 보고 눈을 깜빡거려도 소용없다. 앞에 가시던 어머니가 돌아보더니 다가와서 내 눈을 들여다보신다. 그

눈이 더 어두운데 뭘 보시려고. 어머니 얼굴이 내 얼굴에 맞닿는다. 어색한 내 눈동자가 흔들린다. 그러거나 말거나 어머니는 흐릿한 눈으로 내 눈을 들여다보고 후, 입바람을 불어 넣고 또 들여다보면서 입바람을 분다. 한참 그러는 동안 시린 눈동자는 눈물로 먼지를 씻어낸다. "이제 눈 떠봐라. 괜찮을 거다."

 털실과 똑같은 색을 가진 하늘에서 가을 햇살이 마구 쏟아져 내린다. 어머니는 손수건으로 연신 눈을 닦아내며 햇발 아래를 허우적거리며 걸어간다. 어머니, 나도 두 팔을 벌리고 그 속으로 뛰어 들어간다.

땀내

 교정 뒤편의 숲은 푸르게 늘어선 탱자나무로부터 시작된다. 뙤약볕 아래서 새파란 열매를 많이도 매달고 있다. 이제 곧 선들바람이 불어오면 저 열매들은 노란 빛깔로 향내 가득한 세상을 만들 것이다. 들국화 빛바랜 꽃잎에 서리 앉을 즈음이면 가시 손들이 내어주는 탱자 잎들은 낮은 곳으로 떨어져 땅에 묻히고 자신이 떠나온 나무를 더 튼실하게 키우는 거름이 될 것이다. 나무들은 그렇게 비움과 채움을 통해 푸르고 향기 나는 숲을 만들어왔다.

 문득 설익은 탱자 향기가 코끝으로 날아온다. 아니다. 큼큼한 땀내다. 오늘도 민호는 저물어가는 운동장을 혼자 달리고 있나 보다. 점심시간, 석식시간 하루도 빠지지 않고 달린다. 체육관 같은 데를 다닐 형편이 안 되니 달리기로 체력 관리를 한다. 아버지는 일용직 근로자, 정기적인 수입이 없어 경제 사정이 어려운 데다 어머니와도 떨어져 살고 있다. 한창 엄마 손이 필요한 나이에 살림까지 해야 함에도 언제나 벙긋벙긋 웃는 얼굴에 모난 데가 없는 민호다. 누가 보든 안 보든 있어야 할 곳에서 자기 할 일을 충실하게 하고 공부도 잘한다.

어느 날, 민호가 안 하던 지각을 했다. 덜 마른 동생 교복을 다림질로 말리다가 늦었다는 것이다. 그렇지 않아도 엄마 손이 가지 않아 구겨진 교복을 볼 때면 애잔했는데 이것저것 얼마나 불편할까, 제 딴에는 구김살 없이 씩씩하지만 그러자니 어린 속은 또 얼마나 아릴까, 자꾸 마음이 쓰였다. 실질적인 도움이 될만한 걸 찾다가 모 장학재단이 떠올랐다. 한번 선정이 되면 지속적인 지원을 해주는 곳이라 민호에게는 꿈의 마중물이 될 수 있겠다고 생각했다. 마중물은 메마른 펌프에 물을 끌어 올리기 위해 먼저 붓는 한 바가지의 물이다. 적은 양이지만 부지런히 뿜어대면 그 물이 땅속 깊은 곳에 있는 샘물을 불러올리는 큰 힘을 발휘하기 때문이다. 민호에게 지원신청서를 작성하고 관련 증빙서류도 준비하라고 일러주었다.

그런데 아이가 신청서 작성을 차일피일 미루는 게 아닌가. 혹시 자기 형편이 드러나는 게 부담스러운 걸까? 그래서 물었더니 아이는 생각지도 못한 말을 꺼냈다. 어려운 친구들도 많을 텐데 과연 자기가 장학금을 받을 자격이 있는지 잘 모르겠다는 것이다. 우리는 차근차근 대화를 나눴다.

자기보다 더 어려운 사람을 배려하는 그 마음 자체가 자격 아닐까? 신청한다고 다 장학생으로 선정되는 것도 아니고. 또한 성공이 보장된 미래만 준비하는 건 더더욱 아니잖아. 노력하고 도전하고 실패도 맛보면서 더 단단하게 여무는 거지. 이 시간을 통해 너 자신과 가족 그리고 꿈과 미래에 대해 진지하게 들여다볼 수 있다면 그것만으로도 의미 있는 일 같은데 너는 어때?

자신감을 얻은 민호는 연필로 또박또박 꿈과 가족에 대해 써왔다. 아이의 글에는 힘든 일이지만 성실하게 땀 흘리는 아버지에 대한 존경심과 자신의 꿈에 대한 진지한 고민이 담겨있었다. 그 와중에 민호가 아버지의 직업을 '노가다'로 써서 웃음이 터지기도 했다. 아버지의 성실한 땀내를 솔직하고 자신 있게 말했지만, 속된 표현이나 비표준어를 지양하고 바른말을 사용하자고 말했다. 직업 세계에 대해서도 바로 알아야 한다는 생각에 같이 사전도 찾아보면서 장학생으로 선정되기를 기다렸다.

간절한 우리의 바람이 통했을까. 민호가 장학생으로 선정되었다. 선생님들은 물론이고 교장, 교감 선생님도 기뻐하시며 격려를 아끼지 않으셨다. 특히 교장 선생님은 날마다 고무장갑을 끼고 화장실 청소를 열심히 하던 한결같은 아이가 바로 너였구나! 하시며 용기와 힘을 보태주셨다.

우리 학교는 한 학년이 한 반인 작은 시골 학교인지라 주변에 학원도, 과외 시설도 없어서 공교육의 의존도가 높은 곳이다. 당연히 학생들의 학업과 진로를 설계할 때 교사의 몫이 클 수밖에 없다. 진로진학 선생님이 큰 역할을 하고 있지만 나 또한 국어 교사로서, 담임으로서 고민이 많을 수밖에 없다. 아이들의 마음밭에 어떤 씨앗을 뿌려야 할까, 어떻게 갈무리해야 아이들이 싹을 틔우고 스스로 자랄 수 있을까.

아이들은 아이들대로 진로에 대한 구체적인 꿈도 없고 자존감도 위축되어 있었다. 꿈과 진로에 대한 목표를 세우고 적극적으로 자신의 서사를 만들어가는 데는 많이 읽고 많이 쓰는 것밖에 없다는 게 평소 지론이다. 그래서 독서와 글쓰기로 아이들의 마음을 다독이고 꿈을 꿀 수 있도록 충실한 조력자가 되리라고 야무지게 마음먹었다.

독서와 글쓰기에 책 제작을 접목해 보기로 했다. 서툰 글이라도 아이들이 쓴 글을 제대로 제본해서 평생 간직할 수 있게 만들자는 것이다. 책 쓰기 동아리 '마중물'을 결성하는 한편 전교생을 대상으로 자서전 쓰기 활동을 펼쳤다. 책이 넘쳐나는 시대에 책 읽기를 싫어하고 쓰기 활동은 이미 스마트폰에 밀린 세상에서 쉬운 일은 아니었다. 하지만 아이들에게 한 권의 책이라도 제대로 읽히고 서툴러도 자신의 서사를 만들도록 이끌어주면 그 과정에서 꿈과 적성을 발견할 수 있다. 그 물꼬를 터주자는 일이다.

마중물에는 깨끗하고 맑은 물만 쓰이는 게 아니다. 빗물이나 고인 물도 쓰인다. 마찬가지로 미래를 디자인하기 위해 꿈을 불러오는 활동은 똑똑하고 재능 있는 아이들만 하는 게 아니다. 매사에 자신 없는 아이, 잘 어울리지 못하는 소극적인 아이, 자신의 진로에 대해 깊이 고민해 본 적 없는 아이! 그들도 미래를 향한 꿈의 마중물이 될 수 있다. 그런 동아리 성격을 설명해 주면서 기다렸다. 민호도 그렇게 책 쓰기 동아리의 일원이 되었다.

글쓰기는 자신을 풀어내는 행위다. 글을 쓰다 보면 알게 모르게 자기 이야기를 담게 된다. 아이들은 그들의 어려움을 아무에게나 이야기하지 않지만, 글이라는 멍석을 깔아주면 의외로 솔직하게 들려준다. 그런 경험을 수도 없이 했다. 꼭 미래를 그려내는 일이 아니어도 책과 글을 통해 아이들의 마음이 시나브로 젖어든다면 이 또한 좋은 일 아닌가.

어느 날, 민호 엄마에게서 전화가 왔다. 민호에게 장학금으로 생활용품을 사라고 했더니 불같이 화를 내면서 그렇게 사적으로 쓸 것 같으면 차라리 장학생을 포기하겠다고 하는데 어쩌면 좋겠냐고 물었다. 나는 민호가 계획을 잘 세워서 장학금을 사용할 거라고, 그러다 보면 돈의 소중함과 경제관념도 배울 수 있고, 이런 경험이 반듯한 가치관을 형성하고 나중에 사회에 나가서도 규모 있는 경제 활동을 하는 밑거름이 될 거라고 설명했다. 민호 엄마는 생각이 짧았다고, 무엇보다 아이의 마음에 상처를 준 것 같아 걱정이라고 몇 번이나 말했다. 같이 살지는 않지만 언제 어디서나 자식에 대한 엄마의 사랑은 현재진행형일 것이다.

민호는 글쓰기 동아리뿐만 아니라 난타 반에서 활동하며 양로원이나 복지관 등지에서 공연과 봉사활동을 펼치기도 했다. 교내 축제 때 북을 치며 땀을 뻘뻘 흘리는 민호를 보면서 문득 민호의 키워드는 '땀내'라는 생각이 들었다. 땀내 나게 운동장을 돌면서 건강한 미래를 설계하고 땀내 나는 아버지의 옷을 보면서 가족에 대해 생각하고 땀내 나게 북을 치고 글을 쓰면서 자신의 시간을 땀내라는 향기로 채워 가는 아이!

씨앗은 휴면의 습성이 있어서 어떤 종은 수십 년을 흙에서 견디고도 싹을 틔운다. 아이들이 저마다의 마음밭에 뿌린 꿈나무 씨앗이 끈질긴 생명력으로 싹터서 숲의 나무처럼 푸르고 튼실하게 자라길 소망한다. 비바람 몰아치며 흔들어대도 잘 견뎌내기를, 뿌리에 힘 팍팍 주면서 잎을 틔우고 열매 맺기를, 무성한 나무로 자라나 다른 이들의 땀을 닦아주는 따뜻한 그늘이 되어주기를 바란다. 하여 민호의 땀에 내 땀내를 기쁘게 보탤 수 있기를, 오늘도 나는 푸른 꿈을 꾼다.

그리움이라는 우물을 채우는 법

 엄마가 돌아온다. 허리를 다쳐 집 떠난 지 반년 만이다. 엄마는 병원을 거쳐 요양병원에 허리를 눕히던 날, 창문에 걸린 밤하늘의 달을 보면서 그리움이라는 우물의 뚜껑을 닫아버렸다. 아무 생각도 안 해야 살 수 있지. 엄마는 그렇게 말했다. 면회도 되지 않는 나날들, 누릴 수 없는 시간과 갈 수 없는 바깥세상은 아무리 손 뻗어도 닿지 않는 아득한 우물 같았을 것이다. 넘쳐흐르는 그리움에 적시고 잠겨버리면 마음조차 운신하지 못할 것 같아서 생각이라는 우물 자체를 닫아버렸다.

 비어있던 엄마 집 마당은 무릎까지 자란 잡초들이 온통 뒤덮고 있다. 발길이 닿지 않은 마루에는 진회색으로 새똥이 말라가고 길고양이 한 마리가 시침 떼고 들앉아 주인 행세를 하고 있다. 그래도 꽃밭에는 저물어가는 여름꽃과 새로 피는 가을꽃들이 앞다투어 향기를 뿌리고 뒤란의 탱자나무는 노란빛 머금은 탱자들을 많이도 달고 있다. 저들끼리는 씩씩하게 장한 모습으로 오순도순 마당을 채우면서 엄마를 기다리고 있나 보다. 늙은 배롱나무는 짓무른 눈두덩이 같은 꽃이파리를 발치에 뿌리면서도 가장이 끝에 기를 쓰고 꽃을 피운다.

허리뼈가 부러져서 꼼짝없이 누워만 있어야 하는 병상 생활이지만, 엄마는 정신이 또렷하니 병원 돌아가는 사정이 훤히 보였을 것이다. 서로에게 불퉁거리고 함부로 하는 환자와 간병인들, 제때 환기되지 않는 병실, 암묵적으로 용인되는 묘한 위계질서에 대한 엄마의 지적은 까다로운 환자의 불평이고 예민함의 발로일 뿐이다.

소나기처럼 갑자기 시작해서 장마철처럼 지루하게 이어진 코로나 상황은 환자들을 우울감에 빠뜨리고 외로움에 떨게 했다. 세상과의 단절은 또 하나의 질병처럼 병실을 덮었다. 생각이, 감정이 자신을 무너뜨릴 것 같아 엄마는 생각 없이 성경의 글자만 읽는다고 했다.

나도 엄마처럼 침대에 똑바로 누워 아무것도 안 한 채 시간을 보내봤다. 거미줄처럼 빽빽한 시간의 그물은 미세한 움직임까지 그 안에 가두었다. 그럴 때마다 시간의 무게에, 무위의 무게에 눌려 아득한 우물로 떨어지는 엄마가 보였다. 그곳은 습하고 쿰쿰하고 어두운데 하늘 한 조각 남겨두지 않고 닫혀있다. 뚜껑을 열면 환해질까? 동그란 하늘이니까 각진 마음을 풀어줄 수 있겠지? 아니다. 닿을 수 없는 그 거리는 그래서 더 깊어지고 어두워지기만 하겠지. 나는 일어나면 그만이지만 엄마는 뭘 할 수 있을까.

30여 년 만에 옛 친구와 만났다. 친구는 기억에도 없는 엄마의 김밥 이야기를 꺼냈다. 첫 엠티를 갔을 때 엄마가 자기 것까지 싸줬다고 했다. 너무 맛있어서 잊지 못한다고, 왜 네가 그걸 기억 못 하냐고 친구가 웃었다. 그때 우리 집 형편도 어려웠지만 딸내미 친구가 걸렸던 모양이다. 엄마한테 물으니 생각나지 않는다고 했다. 그 기억을 더듬느라 엄마는 할 수 없이 우물 뚜껑의 못을 뺐다.

언제부턴가 엉그름처럼 메마른 엄마 목소리에 물기가 묻어나왔다. 조금씩 허리를 움직이게 되면서 휠체어에 의지해 복도까지 갔다고 한 날, 엄마는 웃었다. 복도에서 만난 어떤 아주머니 이야기를 들려주면서. 엄마의 목소리는 학교에서 돌아온 아이가 엄마를 향해 뛰어가면서 하는 말처럼 숨차고 밝았다.

참 촌스럽더라. 나보고 형님이라는 거 있지. 한눈에 봐도 자기가 형님뻘인데 어찌나 어이가 없던지. 사람이 좀 헤퍼. 아무나 보고 스스럼없이 말을 거는데 그새 모르는 사람이 없어. 나야 언젠가 시간이 되면 퇴원할 건데 굳이 말을 섞으며 지낼 이유가 있어? 대꾸도 하기 싫은데 자꾸 옆에 와서 웃어. 뭐가 그렇게 좋으냐니까 그러더라. 형님, 나는 평생을 촌에서 땅 파며 식구들 뒷바라지하느라 허리 한번 제대로 편 적이 없소. 몇 해 전에 죽은 우리 남편은 뭘 해도 칭찬은커녕 윽박지르고 무시하기 일쑤였소. 평생을 그래 살아서 그게 당연했지요. 근데 여기 와서 내 평생 받아보지 못한 대접을 받게 된 거라. 삼시 세끼 남이 해주는 따신 밥을 먹고 평생의 노동에서 해방되었소. 여 있는 사람들은 하나같이 친절하고요. 종이접기 시간 안 있소. 하라는 대로 했을 뿐인데 잘한다고, 모범생이라고 너도나도 칭찬을 해줘요. 세상에, 내가 이런 사람이었나? 한 번도 들어보지 못한 소릴 여기서는 만날 듣소, 내가.

엄마는 그이가 점점 마음에 들었다고 한다. 그이 말처럼 면회도 안 되는 세상에서 누가 우리를 이만큼 보살펴 주나, 그런 생각도 들었다고 한다.

엄마는 우물의 뚜껑을 열고 아득한 아래를 내려다봤다. 거칠고 메마른 우물에서 풀썩 먼지가 일었다. 엄마는 우물에 자식들 얼굴을 그려놓았다. 퍼석거리는 우물에서 아이들의 팔과 다리가, 머리통이 움직일 때마다 그 우물은 조금씩 축축해졌다. 언젠가 이 시간이 지나면 그 우물에서 말끔하게 씻긴 아이들을 두 팔에 가득 안고 세상으로 나오리라. 상상은 엄마의 부러진 허리춤에서 들풀이 되어 무럭무럭 자랐다.

하루는 그이가 울적한 얼굴이야. 한 번도 보지 못한 표정이라 무슨 일이냐고 물었더니 남편 생일이래. 제삿날도 아니고 죽은 남편 생일은 왜? 그 양반이 보고 싶어서 그렇지요. 맨날 무시만 했다면서. 아이고, 그렇다고 평생 같이 살았는데 안 보고 싶어요? 밉다가도 그립지. 그러면 형님은 아저씨 안 보고 싶소? 보고 싶긴 뭐가 보고 싶어. 그랬더니 아, 날 측은한 얼굴로 들여다보잖아. 내 참, 기가 막혀서, 한 대 쥐어박고 싶더라. 근데 나도 모르게 그이 손을 잡아줬어. 하긴 뭐 자기 마음이 그렇다는데 어쩔 거야. 왜 참을 거야. 그리우면 그리워하는 거지. 보고 싶으면 보고 싶어 하는 거지.

엄마의 우물에서는 자식들이 커가고 푸성귀가 푸르러지고 나무들이 꽃과 열매를 달았다. 엄마는 우물을 향해 소리쳤다. 보고 싶어, 너무 아파, 힘들어 죽겠어, 지루해, 세상 모든 게 그리워.

아침부터 시작한 집 정리는 어둑발이 사위를 덮으면서 끝났다. 엄마 집 뒤, 배경처럼 늘어선 대숲으로 저녁놀이 떨어지고 있다. 대꼬챙이에 찔린 석양이 노랑으로, 분홍으로, 주황으로 숲을 물들이다가 어느 순간 툭 떨어지면 이곳은 어둠이 가득하겠지. 그러나 이 밤이 끝나면 엄마가 마른 몸을 일으켜 사부자기 마당을 들어설 것이다. 그리움이라는 우물에서 찰랑이는 물로 환하게 단장한 가을 햇살을 담뿍 받으며.

3장

천변 산책론

항아리의 힘

 무람없는 발걸음이 햇발 가득한 절 마당의 고요를 깨뜨린다. 넌출진 능소화가 고목의 우듬지를 타고 오르며 날 굽어보는데도 기어이 불이문을 넘고 만다. 몇 시간째 경내 구석구석, 도린곁까지 맴돌았지만 '구리항아리'를 찾지 못했다. 그래서 더 보고 싶은 걸까? 스님들의 수행 공간까지 헤집고 다니자, 한 여인이 종무소 문을 열고 내다본다. 말 없는 꾸지람이리라. 그래도 염치없는 객은 모른 척, 항아리의 행방부터 묻고 본다.

 "동호라니, 그게 뭡니까?"

 여인의 되물음에 그만 힘이 쑥 빠져버린다. 대웅보전을 청소하던 스님도, 작압전 앞을 지나던 스님도 동호의 행방을 물었을 때 꼭 이렇게 되물었다. 나는 '보물 208호 구리항아리'라고, 벌써 몇 바퀴째 경내를 돌고 있지만 보지 못했다고 지지지지거린다. 역시나 본 적도 없고 운문사에 그런 보물이 있다는 것도 금시초문이란다.

"운문사에 있는 거 맞아요. 아니면 제가 어떻게 알고 여기까지 왔겠어요. 운문사 동호라고 검색하면 나오는 걸 다들 모른다고만 하시면 전 어떡해요? 정말 보고 싶은데, 태풍 때문에 못 올까 봐 걱정은 또 얼마나 했는데요."

횡설수설, 스스로도 한심하다. 그게 딱했던지 안에서 한 스님이 나오더니, 보물은 있지만 공개하지 않는다고 말해 준다. 동호의 존재를 아는 스님을 만나서 반갑다는 게 또 생떼를 쓴다. 뭣보다 스님의 순한 눈주름에 힘입었다고나 할까. 왜 공개를 안 하냐, 약야계若耶溪 근처에서 동호를 파낸 게 맞느냐, 한 번만 볼 수 없겠느냐, 부전스럽게 묻는다. 나와 달리 스님은 야젓한 목소리로 답한다.

"제가 알기론 이목소에서 건졌습니다만."

"이목소라니, 못인가요? 거긴 어디죠? 항아리를 보여줄 수 없으면 그걸 건진 못이라도 보여주세요."

"그 못은 가운데로 갈수록 점점 깊어져 실 한 타래를 던져도 끝없이 들어가는 곳입니다. 금지구역이고 이미 금지구역에 서 계십니다."

"그렇게 깊은데 어떻게 들어가서 항아리를 건진 거죠? 그저 전설인가요? 그니까 한 번만, 한 번만 보여주세요. 제 눈으로 직접 봐야겠어요. 네?"

새통스럽게 조르는 아낙네가 어지간했던지 스님이 설핏

싱그레하더니 금세 정색하면서 처진 눈에 힘을 준다.

"사실입니다. 그 보물이 여기 있으니까요. 저도 이곳에 26년 동안 있으면서 두 번밖에 보지 못한 보물을 어째서 오늘 처음 온 분이 자꾸 보겠다고 보채십니까?"

그러더니 손을 들어 우거진 노송 사이로 보이는 나지막한 돌담 쪽을 가리켰다.

"저깁니다. 못으로 내려가는 건 안 됩니다."

돌담 아래로 내려다보이는 이목소는 아담한 크기지만 갈 수 없어서 깊다. 풍덩풍덩 뛰어드는 빛살이 물살을 흔들어 댈 때마다 수면은 윤슬로 찰랑인다. 어느 순간 내가 못을 내려다보는 게 아니라 못이 나를 빤히 올려다보는 느낌이 드는 건 왜일까? 소나무 가장이에서 놀던 바람까지 가세해 물밑에서 뒤척이는 돌멩이들의 깊은 잠을 깨웠을까? 그들이 품고 있던 옛이야기, 구리항아리를 왈강왈강 들려준다.

우리나라 최초의 가전체 소설인 〈국순전〉과 〈공방전〉을 쓴 '임춘'은 고려 중기 문단을 대표하는 문인이다. 고려 건국 공신의 자손으로 귀족 사회에서 문명을 날렸지만, 스무 살에 무신 난을 겪으며 모든 기득권을 빼앗기고 30대 후반 죽을 때까지 절대빈곤 속에서 비통한 삶을 살았다. 그가 죽은 후, 지기였던 이인로가 그의 시문을 모아 《서하집》을 엮었는데 고려시대 대부분 문헌이 그랬던 것처럼 세월의 무정함과 전쟁의 참상으로 점점 사라지게 되었다. 이를 안타깝게 여긴 당시 운문사의 '담인스님'이 소장하고 있던 《서하집》을 구리항아리에 넣고 이 항아리를 다시 구리탑에 넣어 약야계에 묻었다. 세월이 흘러 조선 후기에 운문사에 있던 '인담스님'의 꿈에 도사가 나타나 그의 도움으로 동탑을 발견하게 되었는데 그 안에 《서하집》을 담은 항아리가 있었다고 한다. 임춘의 글은 그렇게 세상으로 나오게 되었다.

 나는 이 항아리가 왜 그리 보고 싶은 걸까? 처음엔 단순했다. 수업 시간에 가전체 소설을 가르치다 보니 작가와 관련된 자료를 찾게 되었고 꼬리에 꼬리를 물고 알게 된 게 《서하집》이며 구리항아리였다. 그러다 어느 순간 《서하집》을 담았던 항아리에 마음을 뺏겨버렸다. 누군들 까슬까슬하고 환한 생을 살고 싶지 않을까. 그렇게 살고 싶었지만, 눅눅한 삶의 비애를 안아야 했던 한 인간이 어떻게 글을 붙잡고 안추르며 견뎌냈는지, 그 시간을 품었던 항아리가 참으로 궁금했다. 삶은 '다시'가 없는 혹독함이다. 실의와 고뇌에 찬 질곡의 시간을 글 꽃으로 피워낸 한 사람! 그리고 그를 안전하게 담았다가 기어이 세상에 내어준 항아리!
 엄마의 항아리도 우리에게 그랬을 것이다. 그렇다. 이 알 수 없는 미련의 발단은 아마도 엄마의 항아리일 것이다. 실한 타래가 들어갈 만큼 깊은 못에 잠겨서 오랜 세월을 견뎌내며 한 생을 살려놓은 구리항아리처럼, 엄마도 끝 모를 슬픔과 두려움의 심연에서 어떻게든 자식들을 길어 올려 밝은 세상에 다잡아 두어야 했을 것이다.

연꽃문양 항아리는 한동안 우리 집의 보물이었다. 엄마가 철없는 자식들을 이고 지고 아버지의 집을 떠난 후 우리 앞에 놓인 시간은 시드럭부드럭 마른풀처럼 근천스러운 나날이었다. 아버지의 집에서 벌어지던 숱한 전쟁을 피해서 떠났지만, 우리의 피난처가 너무 지지부레해서 차라리 그 전쟁터로 돌아가고 싶은 적도 많았다.

어느 날 외갓집에 다녀온 엄마가 우리에게 호기롭게 말했다.

"이 보물이 얼마나 값나가는 건지 아나? 이 도자기는 외갓집 대대로 내려오는 가보야. 이것만 팔면 아무 문제 없어. 그러니까 너희들은 딴생각 말고 공부만 열심히 하면 돼."

우리는 학교에서 돌아오면 그 보물이 팔려나간 자리에 돈이 그득하리라 믿었다. 항아리가 그대로 있으면 한숨을 내쉬기도 했지만 언젠가 발휘할 그의 힘을 의심치 않았다. 엄마는 고미술품을 감정해 주는 방송국 프로그램에 나갈 거라고도 말했다. 좁은 방에 다 같이 누워서 우리가 상상할 수 있는 감정가를 앞다퉈 말하면서 얼마나 신났었는지. 우리가 던지는 감정가마다 맞장구치면서, 그러니 너희들은 공부만 열심히 하면 된다던 엄마의 큰소리는 얼마나 안심이 되었던지. 밤마다 항아리의 값어치를 매기느라 뒹굴며 나누던 시간은 얼마나 따사로웠는지, 그렇게 우리는 항아리가 팔려나가길 기다리며 키가 컸고 마음이 컸다.

꿈이란 무채색의 삶에 해사한 꽃 하나 던지는 일일까? 활짝 벌어진 아가리와 단단하게 부풀려진 몸체에는 연꽃 송이가 가득하다. 엄마가 이조 자기라고 우겼던 채색 항아리는 아직 팔리지 않은 채 딸들의 편지, 어버이날 카네이션, 손자들의 용돈 봉투를 담고 오래된 집에서 여전하다. 엄마가 항아리에 넣은 것은 밥이고 꿈이고 위로였다. 흥부의 박이었다. 언제고 슬근슬근 박을 타는 순간 우리 앞에 쏟아질 찬란한 복을 품으며 사는 일은 언 발을 녹이는 한 줌 햇살처럼 감질나지만 예쁜 소망이었다. 엄마의 항아리는 철없던 우리를 벋나지 않게 해줬고 철든 우리를 하하, 웃게 만든다.

구리항아리는 보지 못했지만 이제 그의 힘으로 살아남은 글을 읽으리라. 그러면 나도 누군가에게 힘이 되어주는 항아리 마음보 하나쯤 품을 수 있지 않을까? 이목소 잔물결이 돌아서는 내 옷깃을 자꾸 잡아끌며 오늘을 억겁의 세월에 더하고 있다.

천변 산책론

 이른 봄날의 천변은 고즈넉하다. 청둥오리 떼가 물풀을 뜯거나 물을 타고 떠다닌다. 물이끼가 살랑 흔들린다. 풍덩, 청둥오리들이 자맥질할 때마다 물이, 크고 작은 결을 만들며 흔들리고 흐른다.

 복숭아 연적 같다. 물속에 거꾸로 처박혀 하늘을 향하는 청둥오리의 꽁지깃은. 물에서 나오면 청록색 비로드의 머리털을 털며 노란 부리로 쉴 새 없이 물풀을 뜯는다. 노란 꽃을 물고 있는 것 같아 번번이 눈을 껌벅거린다.

 청둥오리 떼 사이로 백로 한 마리가 날아와 목을 세우고 있다. 분주한 오리들과 달리 먹이를 포획하려는 백로의 발걸음은 신중하다. 긴 목을 조금 구부리고 가는 다리로 물속을 천천히 한 걸음씩 뗀다. 먹잇감을 발견한 백로가 풍덩 부리를 박아 순식간에 낚아챈다. 물고기는 통째 부리 속으로 사라진다. 백로의 목울대가 꿀렁거린다. 긴 목구멍 아래로 추락하는 물고기의 몸부림이 물비늘을 만든다. 회색 구름장을 뚫고 나온 햇발이 반짝거린다.

 삶은 다변적이지만 살아내야 하는 것들은, 공통의 지향성을 가진다. 온통 적셔야 하는 삶이건, 우아하게 서있는 삶이건, 숨탄것들은 밥을 위해 사력을 다한다. 나도 그랬다. 언제나 밥이 먼저였다. 맏이라서, 엄마라서 더 그랬다. 바람꽃 이는 각다분한 길이건, 빛살에 꾸덕꾸덕 잘 말라 새물내 나는 날이건, 죽도 밥도 아닌 삶은 안 된다고 마음을 다잡렸다. 그래서 분주했고 성실했다.

 잠시 쉬려는 모양이다. 한참이나 자맥질하던 청둥오리들이 먹이 활동을 멈추고 미끄덩대며 얼음장 위를 올라간다. 주황색 사시랑이 맨발에 햇살이 슬그머니 내려앉는다. 한 모라기 바람 따라 날개를 펼치던 백로도 둔치의 소나무에 내려앉아 날개를 접는다.

 언제부터일까. 심장인지, 창자인지, 핏줄인지 내 속 어딘가가 한 번씩 간지러웠다. 어디가 간지러운지 정확히 알지 못하니 여기저기 긁어도 해소되지 않았다. 그럴 때마다 내 몸속에 손을 넣어 샅샅이 훑어보고 싶었다. 뭔지 몰라서 깊은숨을 뱉어내기도 했다.

 바람이 건드리지 않으면 물결은 거스르지 않는다. 아래로만 흐르는 물, 낙숫물은 댓돌을 뚫지만, 흐르는 물은 아무엇도 뚫지 않는다. 바위를 만나면 굽이돌아 흐르고 자갈을 만나면 정갈하게 씻어주며 흐른다. 나뭇잎을, 꽃잎을 보듬고 품어주며 흐른다. 유속이 느려지면 아랫것은 잠잠히 제 위로 새로운 물을 보낸다. 기슭을 넘보거나 막아서는 것을 덮치지 않는다. 억압도 속박도 위세도 없다. 그저 손에 손잡고 조용히 흐른다. 순순한 흐름, 그렇게 고요한 시간이 지나갔다. 더는 간지럽지 않았다. 더께 앉은 평화에 무뎌졌는지도 모른다.

그러나 물은 요동친다. 바람살을 타면 마구 흔들린다. 그해 여름, 폭풍우가 천변을 들쑤셨다. 물살이 소용돌이치며 흐르고 물둑을 넘쳐흘렀다. 그것은 바람의 손을 잡고 흘러 흘러서 우리 집을 덮쳤다. 한바탕 난장질을 해대는 동안 허리까지 적신 채 그 뉘누리를 견뎠다. 된바람이 물러나자, 우리는 다 잃고 빈손이 되었다. 목구멍은 통로를 가져, 밥을 넘기고 소리를 내놓는다. 그러나 나는 밥은 넘기지 못하고 소리는 삼켰다. 내 집에 금이 가는 건 견딜 수 없었다. 아무 일 없다는 듯 엎어진 밥상을 다시 세웠다.

저문 천으로 둔치의 나무들이 일제히 자맥질한다. 무성한 가지도 이파리들도 둔치와 똑같은 모양을 하고 있다. 물로 뛰어든 그것들은 똑바로 서지도, 흐르지도 못한 채 물결 따라 그저 깨지고 흔들렸다. 아금받게 붙들고 있던 나의 시간은 서있는 둔치일까, 흐르는 물일까.

허전했다. 답답했다. 정말 잘한 걸까? 내가 지킨 건 대체 무엇일까? 무너지지 않고 가족을 곧추세웠으니 다 된 걸까? 나는 사라지고 허상의 내가 있는 것 같았다. 지난 세월 지난하게 지켜왔던 밥의 시간은 무엇을 담보했던 걸까? 그 무엇을 찾아야만 내가 지킨 것들의 당위성이 규명될 것 같았다.

어느 날, 수업 시간마다 해찰하는 아이를 잡아 와 이유를 물었다. 아이도 답답한지 제 앞자락을 잡아당기면서 말했다. "아무리 가만히 있으려고 해도 여기가 자꾸 간질거리는데 어떡해요." 아이의 말이 내 가슴으로 툭, 떨어졌다. 가슴이 짜개지면서 잊고 있던 간지럼이 봄꽃처럼 터져 나왔다. 쓰고 싶다는 바람이었다. 밥을 향한 길이 아니라 주저했을까. 쓰고 싶으면 쓰는 건데, 죽도 밥도 아닌 허랑한 길이 될 것 같아 겁이 났던 거다. 그 길이 마냥 어렵고 셈이 안 서고 손에 잡히지 않아서 두려웠나 보다.

해거름 엷은 볕살이 청둥오리의 날갯죽지로 번진다. 하루를 건져내는 청둥오리의 재잘거림이 휘, 휙 초보자가 부는 피리 소리 같다. 소나무에 걸린 석양 속으로 백로가 날아간다. 내 정수리 위로 독특하고 탁한 질감의 파열음을 칵, 칵 떨어뜨리면서. 그들은 하루의 밥을 구하고 하루의 이야기를 소리내어 말한다. 나는 그들의 밥과 이야기를 가슴에 적바림한다. 천변에서 건지는 말, 길에서 만나는 세상의 말들을 내 안에 품어두고 문장을 만든다. 청둥오리처럼 풍덩, 빠져 보려고 한다. 백로처럼 신중하게 걸어도 좋을 일 아닌가.

한 문장이 다음 문장을 끌어내는 게 쉽지 않지만, 언젠가는 한 편의 글이 완성되어 마침표를 찍을 것이다. 물론 마침표를 찍어도 낱말을, 문장을, 문단을 고쳐나갈 것이다. 그러면 나의 삶도 마침표로 끝나는 게 아니라 새롭게 고치고 얼마든지 다시 만들어갈 수 있을 것 같다.

날기 위해서 새들은 뼛속을 비운다. 그러나 방망이날개무희새는 방망이 뼈의 날개로 고주파 소리를 낸다. 방망이 뼈를 가지기 위해 가벼움을 포기한 것이다.

나도 단단한 소리를 내고 싶다. 그러기 위해 내가 포기해야 할 것은 무얼까. 아니 뭔가를 꼭 포기해야 할까? 알 때까지, 끝내 모르더라도 날마다 안개에 싸인 활자 숲을 헤맬 것이다. 밥심으로, 묵직한 엉덩이의 힘으로 살아있는 말들을 하나하나 제대로 직조하고 싶다. 언젠가는 순연한 문장과 만나리라는 바람으로.

머리카락

 짧은 머리카락에서는 언제나 쇠 비린내가 난다. 햇빛 한 줄기 스미지 않는 이곳, 집중치료실에 누워있는 아들을 보는 순간 쇠 비린내가 바람처럼 휘감긴다. 퀭한 눈으로 흘러내리던 머리카락마저 다 밀어버리니 아이는 그냥 앙상한 나뭇가지다.

 "와! 삭발을 해봐야 진짜 미남인 기 알 수 있다더니, 우리 아들 정말 잘생겼네."

 휑한 내 목소리 사이로 어디선가, 시원하고 딱 좋다, 잘라내듯 엄마 목소리가 들린다. 엄마는 어린 딸들의 머리카락을 집에서 잘랐다. 숫돌에 쓱쓱 간 무쇠 가위가 목덜미에서 서걱서걱 울릴 때마다 묻어 나오던 쇠 비린내, 어린 내게 그것은 아득한 두려움이고 알 수 없는 슬픔이었다.

 아이는 아무런 표정이 없다. 그저 작은 목소리로 엄마 염색해야겠네, 그랬을 뿐. 제한된 면회 시간에 쫓기다 보니 허둥대며 쓴 위생모자 사이로 희끗한 머리카락을 보았나

보다.

　머리카락이 잘려나가는 동안, 이 아이는 무슨 생각을 했을까. 머리통을 절개하고 종양을 꺼내는 수술을 받기 위해 머리카락을 다 잘라낸 채 누워있는 아들은 지금 어떤 마음일까? 삭발기가 머리통을 지날 때마다 아이는 뭉텅뭉텅 떨어져 나가는 서늘한 세상을 보았을 것이다.

　나 수술 잘되겠지? 힘없는 목소리에 두려움을 가득 담고 있는 이제 스무 살! 거침없이 나아갈 세상에서 하고 싶은 것, 해야 할 일이 많아 가슴 뜨거운 젊음이 지금 아들은 얼마나 서러울까. 너무 많은 생각 때문에 할 말이 없는 걸까. 아이의 머리통으로 무심히 흐르는 푸른 핏줄이 내 가슴에 강이 되어 넘친다.

　"야야, 너, 이 머리카락 좀 봐라!" 엄마가 위생복을 벗는 내 몸에서 머리카락들을 떼어낸다. 희끄무레하게 바랜 그것들은 잦은 염색과 파마로 물기 빠진 낙엽이다. 금방이라도 파사삭, 부서질 것같이 탄력을 잃은 지 오래다. 그만 좀 속 끓이라는 엄마의 한숨은 위로가 되지 않는다. 발밑에 떨어진 머리카락만 물끄러미 본다.

　내 머리카락들은 병실 바닥에서 갖가지 모양을 만들고 있다. 내 몸의 일부로 있을 때 나와 함께 삶의 물음표를 구했듯이, 살면서 위로받고 따뜻하게 느꼈던 순간들을 함께했듯이, 때로 삶의 허방에 발을 담그고도 그걸 몰랐던, 허술하게 뚫렸던 내 삶의 순간순간처럼 그것들은 물음표, 느낌표, 팔자 모양, 시력표에 있는 구멍 뚫린 동그라미 모양을 하고 있다. 잘 살고 싶었지만 그러지 못한 우리네 삶처럼 참 잘했어요, 모양을 만들다 말기도 한다.

"백발은 영화의 면류관, 공의롭게 살아야 그것을 얻는다."라고 '잠언'은 말하고 있지만 나는 이제 착하게 살고 싶지 않다.

흰머리면 어때? 염색할 머리카락이라도 있으면 감사한 일이지, 이렇게 삶을 위로하고 긍정적으로 사는 일이 자꾸 화가 난다. 대체 생은 우리에게 얼마나 많은 참을성과 헛된 믿음을 요구하는 걸까? 인생이 그저 상처인 게지, 그렇게 얌전하게 수긍하기만 원하는 걸까? 목뼈가 부러질 만큼 삶의 참담함을 떠안은 적도 있었다. 그래도 시간의 유연함을 믿으면서 살았다. 실패 한번 하지 않는 생이 있던가. 누군들 그 통과의례를 거치지 않을까, 그렇게 스스로 다독였다. 짐이 너무 버거워서 울기도 하지만 영리한 생이 사이사이 끼워놓은 소소한 기쁨이 있기에, 살찐 삶 대신 얻을 수 있는 분주한 수확이 있기에 웃었다.

그런데 삶은 번번이 뒤통수를 친다. 그것도 이번에는 자식으로 말이다. 내가 그렇게 잘못 산 걸까? 대체 잘 산다는 것, 가치 있는 삶이란 무엇이라는 말인가.

 여덟 시간이 넘는 수술을 마친 아이는 통증과 불면에 시달리고 있다. 그래. 그냥 탁, 맞아주겠어. 납작하게 쓰러져 줄게. 내가 또 속없이 웃으면서 툴툴 털고 일어나길 바라는 삶을 향해 나는 눈을 흘긴다. 그런데 사흘을 꼬박 뜬눈으로 뒤척이다가 설핏 잠든 아이가 잠결에도 푸, 뱉어낸다. "엄마!"
 그 한마디가 나를 적신다. 온통 뿌려대고 녹여 세상 속으로 스며들게 한다. 나를 절로 일어서게 만든다. 행여 아이의 잠을 깨울까, 그 손 잡지도 못하고 눈으로 담아 가슴에 품는다.

 수술한 자리에도 머리카락이 나는지 아이는 보이지 않는 뒤통수를 거울에 요리조리 비춰보며 하루에도 몇 번씩 확인한다. 욕실 바닥에 떨어진 머리카락을 손바닥으로 쓸어 모은다. 비벼서 뭉치고 보이지 않는 곳에 남아있는 것까지 샤워기로 쓸어낸다. 머리카락은 저마다 만들어냈던 자기만의 모양을 풀고 얌전히 물에 쓸려 거름 막에서 만난다. 나는 욕실이 막히지 않도록 머리카락을 꼼꼼하게 걷어내 쓰레기통에 버린다. 이제 이것들은 생물에서 무생물이 되어 내 곁을 완전히 떠난다. 한때는 기름지고 탱글탱글하던 머리칼을 몇 가닥씩이나 품고 있던 모낭도 이제 더 이상 내게 머리칼을 내어주지 않는다. 그래도 내 머리가 비어가는 시간 아이의 머리카락은 자랄 것이다. 질기고 두꺼운 실로 봉합된 뒤통수 수술 부위는 지네처럼 검붉은 모양으로 남았지만, 그 사이로 분홍빛 새살이 돋고 보리 싹처럼 머리카락이 자라고 있다. 이제 아이는 살점이, 피가, 세상이 떨어져 나간 이 아득한 슬픔을 견디고 나면 자신을 키우는 것이 고통의 힘이라는 걸 알게 될 것이다.

프랑스 화가, '앙리 에드몽 크로스'는 〈머리카락〉이라는 작품에서 흐르는 물처럼 굽이치는 머리카락을 화면 가득 그리고 있다. 그것은 수없이 많은 청색, 녹색, 노란색, 분홍색, 보라색의 점들로 이루어졌다. 각각의 점들은 저마다 가진 특성으로 힘과 부드러움, 생명력과 풍요로움을 만들어내지만 머리를 빗고 있는 여인의 얼굴은 머리카락에 가려 보이지 않는다. 알 수 없는 우리의 미래처럼.

나는 내가 속은 미래를 향해 또다시 그림을 그린다. 내 나이와 처한 형편을 생각하면 남은 생은 숨 가쁘겠지만 한 점 한 점 느리게 그려볼 작정이다. 하여 머리를 빗고 있는 그 여인이 자기의 얼굴을 보여줄 때, 그때 그의 얼굴이 웃고 있기를!

보리와 덩굴장미

 지천이 꽃으로 환하다. 꽃샘바람에 꽃봉오리가 떨어지고 새순이 얼기도 했지만 이제 세상은 싱싱한 초록과 여기저기서 팡팡 터지는 꽃망울로 가득하다.

 출근길 아파트 화단에서 시나브로 자란 보리를 보았다. 늘 오가면서도 싹을 틔우고 자라기까지 까맣게 몰랐다. 아파트 화단에 보리라니, 어쩐지 통쾌하다. 누가 이렇게 정성을 쏟았을까? 품으면 한 아름은 될성싶은 보리가 첫사랑처럼 담아둔 초임 시절의 아이들을 불러온다.

 보이는 곳이 다 논이고 밭이고 숲이었다. 안개 낀 아침이면 저편에서 걸어오는 아이들이 발부터, 정강이, 무릎, 허리로 나타났다. 나른하게 피어오르던 아지랑이가 돌돌 회오리바람처럼 말리면서 하늘로 사라지던 모습, 우산만큼이나 큰 연잎으로 후두두 떨어지던 빗방울, 뒤뚱거리면서 어디고 옆집 할머니를 따라다니던 거위들, 도토리고 감꽃이고 등에 떨어져도 선량한 눈만 껌벅거리던 늙은 황소, 운동장이 끝나는 곳에 펼쳐진 보리밭으로 푸짐하게 쏟아지던 햇발. 그림 같은 곳이었다.

그러나 그림 안으로 들어가면 그곳에는 고단한 현실이 있었다. 하교하기 무섭게 논밭으로, 집안일로 내몰리던 아이들. 딸기 수확 철이면 수업 중에도 학부모가 학교로 와서 아이를 데려갔다. 그래도 아이들은 늘 푸르고 싱싱하고 활기찼다.

해마다 오월 말이 되면 아이들은 사흘이나 계속되는 보리 베기 노력 봉사에 동원되었다. 첫날은 아이들도 배당받은 논밭으로 가는 동안 노래도 부르면서 신명을 냈다. 육십 명도 더 넘게 들어찬, 땀내 나는 교실에서 공부하는 것보다 밖으로 나가는 게 더 좋았을 것이다.

그러나 초여름 한낮은 뜨겁다. 화살 같은 햇발이 땀방울이 되어 온몸을 적시면서 제 발등 위로 후두두 떨어지곤 했다. 그래서 보리밭에 엎드려있는 아이들은 보리 가시에, 햇살에 찔려 온몸이 통증이다. 꾀도 부리고 불평도 나오는 게 당연했다. 그런 아이들을 채근할 때마다 끝없는 황금물결은 나를 멀미 나게 했다.

때때로 보리밭에서는 뱀을 만나게 된다. 일에 지친 아이들은 뱀을 보면 환호성을 내지르며 달려들었다. 이 손에서 저 손으로 갔다가 하늘 높이 던져지던 쨍쨍한 햇살 속의 그 연두색 반짝임!

산기슭에 휘우듬하게 있는 계단밭은 사정이 좀 달랐다. 우선 비탈진 산등성이를 오르는 일부터가 만만치 않다. 아이들은 오디를 따 먹으면서 보랏빛으로 물든 혀를 내밀고 장난도 치지만 이내 헉헉거렸다. 산이라고 해서 시원한 바람이 많은 것도 아니다. 또 논에서 만나는 뱀과 달리 산에 나타나는 뱀은 독사인 경우가 많아서 그냥 쫓아내야 한단다. 아이들은 한데 몰려서 소리를 지르며 발을 굴러 뱀을 쫓아냈다. 나는 능숙하게 뱀을 처리하는 아이들이 그렇게 미더울 수 없고 아이들은 도통 뭘 모르는 선생님 때문에 신났다.

학교 부근 문구점 앞에서 어슬렁대던 송이와 선이가 내 차를 알아보고는 뛰어와서 태워달란다. 시험 기간이라 학원에서 12시 넘어 끝났다고, 집에 와서도 숙제하느라 피곤해 죽겠다고 한다. 보리밭에, 집안일에 매여서 고단하고, 공부할 시간도 턱없이 부족했던 그 아이들도 지금 다 나름의 몫을 다하며 잘살고 있는데 대체 이 아이들은 얼마나 더 큰 삶을 원하기에 이러는 걸까? 아니, 정말 이 아이들이 원하는 삶이기나 한 걸까? 너도나도 학력의 길로 내몰린 채 그저 뚜벅뚜벅 걸어가고 있다. 이 아이들은 별 지표도 없지만 별 불평도 없다.

 보리밭의 아이들은 힘든 노동을 했지만 다 벤 보리 이삭들이 들녘에, 밭에 차곡차곡 쟁여있는 것을 보면서 뿌듯함도 느꼈다. 한 줄기 바람으로도 제가 흘린 땀방울을 시원하게 씻어낼 줄 알았다. 혹시 친구가 낫에 베이면 몰려들어 저마다 알고 있는 처방을 내려줬다. 쑥을 뜯어다가 깨끗한 돌로 빻아 친구의 상처를 처매주고 시원한 곳에서 쉬라고 하면서 기꺼이 친구의 낫을 들고 보리밭으로 들어갔다. 저들이 수확한 보리로 밥을 지어 먹고 등교하는 아이들은 보리 방귀도 정말 잘 뀐다. 제발 방귀 좀 참으라는 내 비명에 웃다 보면 아이들과 나 사이에는 따뜻한 강물이 넘실댔다. 자취방에 몰려온 아이들은 한가득 책을 어질러놓으면서 그만큼의 꿈도 품었다. 오일장이 열리는 날이면 학부형과 저절로 만나졌다. 팔던 나물을 내 손에 쥐어주느라, 나는 떨이를 해주겠노라, 실랑이를 벌이면서 허물없이 아이들 얘기를 나눴다. 딸 같은 나에게 우리 선생님이라며 그 어른들이 손에 쥐어준 것은 따뜻한 정이었다.

 병원 갔다가 가요. 앞뒤 자른 문자라도 보내주면 다행이다. 덩치는 나보다 훨씬 큰 아이들이 1교시부터 새들거리고 앉아있는 걸 보면 답답하다. 잡은 손을 놓으면 와르르 무너져 버릴 것만 같다. 살면서 품어야 할 꿈이나 갖춰야 할 덕목 같은 걸 얘기해 주면 속없이 떠들어대거나 단박 새침한 얼굴로 진도 언제 나가냐고, 까칠한 가시를 쏙, 내미는 아이들에게 나는 번번이 무안해진다.

하지만 쉬는 시간에 달려와 뒤에서 덥석 안는 것도 이 아이들이다. 앞뒤도 없이 사랑한다고 남발한다. 누구에게나 감정 표현이 느닷없고 거침없다. 쉽게 뱉어내는 말이지만 내 가슴은 따뜻해진다. 진정성 없는 말이라고 흘려버릴까. 사람 사는 향기가 없다고 투덜대다가도 아이들은 천생 아이들이구나, 싶을 때면 나는 다시 아이들을 꿈꾼다. 견딜성은 없지만 무거운 세상을 가볍게 만들 수는 있는 환한 아이들! 재잘재잘, 화르르! 떠들어대는 품새들이 화들짝 피어나는 덩굴장미다.

청소 시간, 아이들은 밀다 만 책상 사이에 서서 가위바위보를 하고 있다. 엄연히 담당 구역이 있건만 보를 내서 진 송이가 밀대로 교실 바닥을 민다. 겨우 물 칠이나 하는 동안 딴 아이들은 그저 구경꾼이다. 이번에는 주먹을 내서 져 버린 선이가 느릿느릿 책상을 민다. 저렇게나 청소하기가 싫을까? 그래, 창의적이다. 웃으면서 내가 빗자루를 뺏어

들고 구석구석 쓸면 이게 웬 떡이냐 싶어 옹기종기 구경이다.

퇴근길, 차 뒤에서 불쑥 아이들의 얼굴이 나타난다. 선생님, 이거요. 아이 하나가 주먹 쥔 손을 내민다. 뭐를 주는 시늉을 하지만 아이에게 내민 내 손바닥은 비어있다. 번번이 속는 내가 재밌어서 와, 웃으며 도망간다.

나는 안다. 풍요의 시대여서 오히려 공평하지 못한 세상에 짓눌린, 저들 가슴에도 열정과 순수함이 있는걸. 시대에 따라 그것을 표출하는 방법이 다를 뿐, 똑같은 하늘을 이고 있잖은가. 햇살 고르게 쏟아지는 세상을 만들기 위한 노력과 실천은 기성세대가 아니라 언제나 저 어리고 철없는 것들이, 순수한 열정들이 해온 일이다.

소박하면서도 차가운 겨울바람을 꿋꿋하게 건더내는 보리, 울타리 안에 심어도 언제나 담장을 넘어서는 분방하고 화사한 덩굴장미! 세월이 암만 지나도 그 효능과 아름다움이 우리에게 주는 기대와 즐거움은 변하지 않는다. 내 가슴 속 보리와 덩굴장미도 언제나 나를 꿈꾸게 만든다.

오이 할머니의 셈법

 새벽 일찍 나선 길인데도 벌써 오이 파는 할머니가 나왔다. 허연 머리카락이 흘러내린 채 할머니는 자그마한 플라스틱 의자에 앉아서 좌판에 푸성귀를 늘어놓고 있다. 오이와 풋고추, 호박 등속이 소박하다. 할머니는 운암지 입구에서 뻥튀기나 묵, 과일을 파는 몇몇 상인들 틈에 끼여 동그랗게 휘어진 허리로 허술한 난전을 구성한다. 계절별로 풋것의 품목이 조금씩 바뀌지만 할머니의 주력 상품은 단연 파릇한 오이다.

 할머니의 오이는 여느 오이와는 그 맛이 다르다. 오이에 간이 있다면 이해할 수 있을까? 물이 많아 시원하고 달짝지근한데 또 간간하다. 오이를 좋아하지 않는데도 할머니의 오이를 먹고부터 그 맛에 홀렸다. 토요일 아침 일어나기 싫다가도 할머니 오이를 생각하면 절로 잠자리를 박차게 된다. 부지런한 할머니는 새벽같이 나와서 가져온 푸성귀가 동이 나면 일찍 파장하기 때문이다.

그런데 할머니의 셈법이 독특하다. 처음 할머니를 만났던 몇 년 전에는 대여섯 개의 오이를 단돈 천 원에 파셨다. 그것도 많은데 못난이 오이를 예닐곱 개나 덤으로 주시곤 했다. 아무리 아니라고 손사래를 쳐도 할머니는 까만 비닐봉지에 한가득 담아주면서 말하곤 했다. 집에서 키우는 거라 억시 맛있다고. 경작지에서 대량으로 키우는 것보다 텃밭에서 조금씩 기르는 풋것들이 훨씬 더 맛있다는 건 누구나 아는 사실이다. 작은 텃밭에 여러 작물을 심어서 더불어 키울수록 미생물의 종류가 많아져서 토양이 풍요롭고 맛도 뛰어나다고 한다. 그렇다 쳐도 할머니의 오이는 어디에도 없을 것 같은 정말 맛있는 오이다.

한번은 너무 미안해서 돈을 더 드렸더니 완강하게 고개를 저으면서 천 원만 빼고 기어이 돌려주셨다. 내가 키운 것이라 맛있어, 그 말만 되풀이하면서. 할머니의 인정 어린 셈법을 잔돈푼으로 계산하는 게 죄스러울 정도였다. 옆에서 뻥튀기 아저씨도, 두부 할머니도 아이고, 계산 좀 잘해봐라, 그기 뭐꼬? 그렇게 한마디씩 했다. 그럴 때마다 할머니는 배시시 웃으면 그만이었다.

다음 해부터는 그나마 이천 원을 받아서 다행이었다. 정말 다행이었을까? 할머니 허리는 못난이 오이보다 더 굽어서 언제나 땅만 쳐다봤다. 한데서 불어오는 바람과 쏟아지는 햇발이 늙은 허리에, 성근 백발에, 가는 발목에 머물면 할머니의 무연한 눈빛이 내 마음에 와서 걸렸다. 푸른 하늘을 본 게 언제일까, 주름진 손으로 까만 비닐봉지를 열려면 몇 번이나 헛손질하는 할머니 옆에 쪼그리고 앉아서 생뚱맞은 생각에 잠기기도 했다.

그날도 그런 날이었다. 맨발의 여인이 할머니 오이를 사러 왔다. 전국은 한창 맨발 걷기 열풍이라 흙 알갱이 묻은 맨발로 어디든 다녀도 이상하지 않았다. 할머니가 오이를 담으려고 하는데 역시나 손놀림이 어눌해서 착 달라붙은 비닐봉지가 열리지 않았다. 내가 재빠르게 할머니 손에서 비닐봉지를 받아 오이를 담으려고 하는 순간, 갸름한 맨발 여인이 사나운 눈초리로 날 노려보면서 말했다. "아, 놔둬요. 할머니가 담게." 나는 무안해서 오이와 비닐봉지를 스르륵 놓고 우물쭈물 일어났다.

할머니를 도와드리려고 했던 건데 그 여자는 왜 나한테 성질이지? 생긴 것도 새초롬해서는. 주차장에서 기다리고 있던 남편에게 흥분해서 말했다. 그러니까 아무 데서나 나서지 좀 마. 당신이 할머니 딸이야, 뭐야. 오이 샀으면 바로 올 것이지, 뭐 한다고 꾸물대다가 오지랖이냐, 남편이 혀를 찼다. 나는 내 행동의 정당성과 맨발 여인의 부당함을 이해하지 못하는 그가 답답했다. 할머니가 비닐봉지 여느라 헛손질하는 걸 보면 누구라도 그랬을 거라는 내 말에 그가 덧붙였다. 당신은 덤을 안 넣을 거 아니야. 할머니는 덤을 더 많이 주시는데.

 말문이 막혔다. 그랬나 보다. 할머니가 오이를 담으면 덤을 훨씬 더 많이 주는데 웬 아낙이 중간에 나서서는 그 달콤한 덤의 기회를 막겠구나 싶어서 성질이 난 거였다. 하지만 꼭 덤까지 챙겨야 하나? 그 맛있는 오이를, 갈수록 못난이 오이를 닮아가는 할머니가 하늘 한번 못 보고 땅만 보면서 손수 가꾼 오이를 그렇게 챙겨주시는데 매번 덤까지 바라나? 맨발로 제 몸 건강 챙기면 뭐 하냐? 마음은 건강하지 않은데. 구시렁거리다가 나는 문득 흉을 멈췄다. 정호승 시인의 시구가 시리게 꽂혔다.

 겨울밤 거리에서 귤 몇 개 놓고 / 살아온 추위와 떨고 있는 할머니에게 / 귤값을 깎으면서 기뻐하던 너를 위하여 / 나는 슬픔의 평등한 얼굴을 보여주겠다.
 - 〈슬픔이 기쁨에게〉 중 -

 나라고 그런 마음이 없었을까? 덤에 혹해서, 할머니의 계산속 없는 셈법을 재밌어하면서, 혹은 좋아하면서 그 오이를 우걱우걱 먹었던 건 아닐까? 그 여인과 내가 다를 게 뭐지? 여인은 속을 투명하게 내보인 거고 나는 정이니, 뭐니 떠벌리면서 그럴듯하게 내 속내를 가렸던 거다.

  운암지 주변 환경 정비를 하면서 잡상인 근절로 난전이 없어졌다. 그래도 단속이 뜸한 주말에는 나물이나 과일 등 속을 내오는 상인들이 있는데 근래 할머니를 뵌 적이 없다. 남편과 나는 할머니의 안부가 궁금할 때마다 말한다. 이제 일손 놓고 편히 쉬시는 모양이야. 다행이지, 뭐. 정말 그런 거면 좋겠다. 그래도 여전히 나는 할머니의 간간한 오이가 참 먹고 싶다.

말하는 은행나무

 간절한 마음, 애타는 심사가 켜켜로 쌓여 기어이 나무의 말을 듣게 된 걸까. 구백오십 년의 세월이라고 한다. '말하는 은행나무'는, 그 깊은 시간을 건너오는 동안 숱하게 많은 생을 만났고 그들의 서리서리 쌓인 사연을 위로하고 설파했다. 나도 세상살이 답을 구하기 위해 말하는 은행나무를 찾아 나선다. 칠곡군 기산면 각산리로 향하는 길에 가을 햇살이 차란차란하다.

 풍광을 완상하고 담아오려는 게 아니다. 답을 얻으려고 나선 길이다. 그렇다면 조금쯤은 품을 들이는 게 예禮가 아닐까. 마을 어귀 오솔한 길목에 차를 세워두고 은행나무가 있는 대흥사까지 걸어간다. 빛살을 걷어내며 걷는 그 길의 끝자락에 은행나무가 있다. 뒤틀린 몸통과 사방 나뉨 줄기마다 이파리들이 무성하다. 온통 노란빛이 번진다. 팔랑이는 그의 이파리들은 귀일까, 입일까. 아니면 온갖 하소연을 써서 매달아 놓은 메모지일까.

이곳 각산리가 퉁지미 마을일 때, 아이를 갖지 못한 새색시가 은행나무를 찾아와 답답함과 서러움을 하소연했다. 나무는 친정어머니의 모습으로 나타나 떨어지는 잎을 잡으라 했고 그 말대로 한 새댁은 아들을 낳았다. 그때부터 사람들은 은행나무에 사연을 풀어놓았다. 나도 그의 늙은 둥치에 싱숭생숭한 내 마음을 기댄다.

　"사람들이 남모를 고민을 털어놓을 때마다 당신은 사랑하는 가족의 모습으로 나타나 따뜻한 말로 해결해 줬다지요?"
　듬쑥한 노거수는 묵직하나, 바람이 훑어갈 때마다 나부끼는 잎으로 내게 말한다.
　"간절한 마음이 자신을 위로하고 평안을 얻은 것이다. 염원이란 결국 스스로 답을 찾아가는 길이니 그들의 간절함이 길을 찾은 것이다."
　"나는 이제 생업을 떠나야 해요. 문설주라도 붙잡고 버티고 싶은데 나이 때문에 안 된다고 하네요. 천년 가까이 이 자리를 지키고 있는 당신 눈에는 이슬 같은 생애에서 자리에 연연하는 내 모습이 우습겠지요?"
　"한 생의 소중함을 어찌 길고 짧음으로 잴 것인가. 꽃과 나무는 그 자리에 있지만, 그 또한 떠나고 있다. 가지를 흔들어 씨를 뿌리고 잎을 날리고 바람 타고 날아간다. 물로 흐르고 새의 입과 벌레의 등을 빌려 새로운 곳으로 가고 다시 태어난다."

"그러면 사람은 어디로 가고, 무엇이 되어 흐르나요? 누구의 등을 빌려 날아가고 어떻게 새로워지나요?"

"너는 온전히 자기를 버려 새로운 세계를 얻는 숲의 시간을 여태도 알지 못하는구나."

"당신은 발치에 떨군 잎으로 다시 움트는 잎망울을 만들지만 나는 여길 떠나서, 나를 버려서 뭘 만들 수 있죠? 뿌리박고 살았던 시간은 아쉽고 연습 안 된 내일은 막막하기만 한데."

"너의 쓸쓸함을 알겠다. 그러나 너 있던 자리에 네가 있고 없고가 그리 중요한가? 그곳은 그 자체로 존재한다. 너는 한때 스쳐 가는 시간일 뿐. 지금까지 너의 삶이 강단지고, 심지 굳은 것이었다면 누군가에게 생각하는 힘을 길러주고 가치관을 세워줬을 것이다. 네가 떠나도 그것은 남는다. 자신을 버리는 일도 그렇다. 부모의 몸을 빌려서 세상에 나왔고 한바탕 오진 꿈을 꾸고 나면 네가 빌린 피와 살일랑 자식에게 물려주고 흙에 돌려주면 될 일이다."

노거수가 자신을 받치고 있는 지지대를 지팡이처럼 짚고 나를 굽어본다. 그가 온몸으로 피워내는 이파리들은 지금,

아직도 성성하다. 그에 비해 한 모슴도 안 되는 나, 어쩐지 억울해서 새퉁맞게 되묻는다.

"자리에 대한 내 미련은 아니, 늙어가는 것은 너절하고 염치없음인가요?"

"낡고 늙고 헌것이 너절한 게 아니다. 늙음을 방패 삼아 부끄러움을 모르는 마음이, 신의와 심지 없음이, 정신의 노화가 흉인 것이다. 수많은 질곡의 시간을 통해서 얻은 지혜와 연륜, 그리고 관용과 성찰은 늙은 자들의 자부심이다. 그들은 가족과 사회에 헌신했고, 노도의 삶을 이겨냈다. 그 시간의 힘을 믿어라. 밀려나는 게 아니라 밀어준다면, 물려주는 거라면, 너도 조금은 화사하지 않을까. 노마지지老馬之智, 늙은 말이 길을 안다고 했다. 아무리 하찮은 존재일지라도 저마다의 능력이나 장점이 있는 법, 하물며 시간에 기댄 늙음이야."

"머리로는 알겠어요. 숲에서 배웠던 그 숱한 순환의 문장들을. 그런데도 내 마음은 속절없이 흔들리기만 하네요."

짐작도 할 수 없는 세월을 앙버티면서 숱한 사연을 듣고 위무의 말을 건넸을 그가 너울거리는 손으로 나의 자분치를 넘겨준다.

"넌, 한 줄기 바람에도 곧장 일렁이는 은빛 억새 같구나. 다시 말하마. 네가 어디에 있든, 네가 세우고 여물게 했던 생각과 궁리와 살과 뼈와 기억과 냄새는 자식에, 주변에, 세상에 남는다."

"그러면 나도 다시 묻겠어요. 나이 든 자들이 스스로 변화하고 새로움에 도전하는 건 소망인가요, 노욕인가요?"

"노욕이라 여기지 않는다. 그 허망함이 독이 되어 쓴 열매를 맺는다고도 생각하지 않는다. 우리가 꿈꿔오고 당치 않다고 여겨온 것들이 현실로 펼쳐진 찬란한 예가 얼마나 많은가. 고생대부터 서식한 우리는 중생대를 거쳐 빙하기를 견뎌낸 강인한 종족이고, 인간과 더불어 살아간다. 하지만 다른 나무들의 그늘에 가리면 자라지 못해 산에서는 살지 못하지. 그래도 나는 소망한다. 인간이 개입하지 않아도 스스로 생존할 수 있기를. 저 산, 다른 나무의 발꿈치 아래서 순을 틔우고 자라는 공생의 삶을 꿈꾼다. 떠나는 걸 두려워 마라. 제대로 가고 있는지 의심하지 마라. 생업을 놓았다고 너의 시간이 끝난 것인가? 어디서건 제 할 일을 하면 된다. 새로운 것을 눈에 담고 새롭게 저지르거라. 그것이 꿈이고 용기고 스스로 존재함이다."

그가, 어스름 빛에 물든 내 이마 위로 이파리들을 떨어뜨린다. 떨군 자리에 들어선 뽀얀 빛살을 나눠준다. 노거수 아름드리 밑동은 내가 벌린 양팔의 너비보다 넓고 두텁다. 그 속에 어디 평안만 있었으랴. 구새 먹고, 옹이진 몸통으로 보듬어 살린 생은 또 얼마일까. 알량한 몸피로 앓아누웠던 시간이 부끄럽다. 옹두리 진 겹겹의 굵은 주름을 빗금처럼 꼬아 올리며 오늘도 목리를 더하고 있는 은행나무의 말씀이 내 어깨 위로 묵직하다. 나의 말도 누군가의 마음으로 잔잔하게 흐를 수 있을까. 몸을 구부려 그의 말씀을 줍는다.

마음 보관소

 산기슭으로 푸짐한 가을볕이 쏟아지고 있다. 키 큰 나무들과 함께 만드는 빗살무늬의 반짝임이 숲 안 가득 출렁인다. 교정 뒤편이 그대로 숲인 건 참 다행이다. 오늘은 탱자나무 아래가 내 마음을 묻는 장소이다. 손이 닿지 않아 주렁주렁 옹골찬 탱자에서 진노랑 향기가 흐른다.

 어느 학교에 가든 마음 묻을 곳부터 물색하는 게 버릇이 되었다. 어느 곳에서는 교사 뒤편 등나무 아래, 어느 학교에서는 교정 귀퉁이에 누군가 일궈놓은 채마밭. 나는 그곳을 '마음 보관소'라고 부른다.

 오늘 내가 묻을 마음은 바위처럼 크고 묵직하다. 그래서 참 아팠다. 자신의 장래를 왜 선생님이 걱정하냐고, 그냥 벌점 주면 되지 않냐고 똑바로 눈 치켜뜨고 말하는 아이의 항의에 그대로 말문이 막혀버렸다. 전에 선생님은 안 그랬다고, 무엇을 해도 아이는 이전 선생님을 들먹이면서 나를 할퀸다. 그렇게 이전 선생님과 비교하기도 하지만 아이들은 어느 순간 물과 물이 섞여 흐르듯 자연스럽게 받아들인다. 이렇게 대놓고 비교당하면서 지적받기는 처음이다.

솔솔바람에도 흙으로 떠날 준비를 하는 나뭇잎들은 사각사각 소리를 낸다. 내 마음에는 광목천이 강풍에 휘날리는 소리가 허리 휘어지도록 소용돌이친다. 나 스스로 정체성을 규정할 수 없는 어떤 서러움에 눈이 뜨뜻해진다. 이 나이에 아직도 마음 보관소가 필요하구나, 자괴감도 한몫한다.

여느 때처럼 마음 보관소의 돌무지는, 낙엽은, 바람은 덩달아 안달하지 않고 웅숭깊은 눈으로 내 가슴을 쓸어준다. 덩달아 비명 지르지 않고 내 손을 잡아준다. 어, 그랬나? 그렇지, 뭐. 됐어. 잊어버려. 내가 쏟아내는 분노와 한탄을 그저 가벼이 받아준다.

때로 여러 번 나눠서 마음 보관소에 맡겨야 할 만큼 큰 물건도 있다. 담임을 했던 아이 중에 제 마음에 안 맞으면 기절하는 아이가 있었다. 때로는 거짓으로 기절한 척해서 119를 부르게도 했다. 아무 데서나 소리를 내질렀고 누구에게나 대들었다. 마음의 병인 것 같아 학부형과 여러 차례 상담도 했다. 점심시간에는 같이 밥을 먹으면서 아이의 이야기를 들어줬다. 그랬더니 늘 엇나가기만 하던 아이가 날 보면 웃었다. 나보다 한 뼘이나 더 큰 아이가 먼저 다가와

어리광도 부렸다. 진심이면 다 되는구나, 그렇게 흡족했다. 그러나 아이는 잘못하여 불려 오게 되자 언제 그랬냐 싶게 나를 밀쳐냈다. 거짓말처럼 처음으로 돌아갔다.

 맡기지 못해 수시로 삐거덕거리는 마음 자락도 있다. 초임 시절의 아이들이다. 소명감이나 새로운 만남에 대한 설렘보다는 내게 맞지 않는 옷을 입었다는 턱없는 비장감에 떨던 시절이었다. 안정적인 교사의 길을 가라고 권하신 부모님 때문에 정작 하고 싶은 일을 못 하게 되었다고 분별없는 핑계를 대며 원망했다. 그러니 아이들을 바라보는 시선이 자주 흔들렸다. 내 마음이 더 중요해서 아이들의 마음을 읽는 데 서툴기만 했다. 그저 잘 가르치는 선생이면 된다고 여겼는지도 모른다. 품어주고 보듬어주는 것보다 잘못을 지적하고 고치는 것에 더 힘을 썼다. 주변에서 한마디만 해도 고깝고 간섭받는 느낌이었다. 그런 서툴고 어린 선생을 조금씩 어른이 되게 한 것도 그 아이들이었다. 건강하고 투박하고 말간 아이들이 내 시간을 따뜻하게 해줬다. 그렇게 좋아했던 아이들을 떠난 것은 가지 못한 길에 대한 연연함이었다. 다른 길에 대한 조급증을 이기지 못하고 학교를 떠나던 날, 울면서 달려오는 아이들을 보면서 나는 그 아이들이 또 다른 마음 자락이 되어 날 들쑤실 것임을 뼈아프게 깨달았다.

이곳에 서면 지난 시간이 보인다. 마음 보관소에 묻는 마음들이 어찌 묵직한 바위만 있으랴. 서걱거리는 모래 알갱이만 있으랴. 나 혼자 꺼내 쿡쿡, 웃게 만드는 마음 조각도 있고 눈물 나게 찬란한 마음보도 있다. 날 춤추게 하고 날 노래하게 하는 그 마음들을 꺼내본다.

교직을 떠나서 다른 길을 헤매다가 다시 돌아온 학교! 먼 길을 거쳐 돌아왔다. 언제나 그리웠다. 그러면서도 나를 대하는 사람들의 시선이 신경 쓰였다. 새로운 도전이라는 그럴싸한 명분을 내세웠대도 그 속내는 현실에 쫓겨서가 아니던가. 그래서 그런 티를 내지 않으려고, 남들이 그렇게 느끼지 않게 하려고 애면글면 뛰었다.

그게 잘못이었나 보다. 나부터 의식하지 말았어야 할 일이다. 시간적 제약이 주는 절실함이야말로 내가 가진 무기가 아니던가! 떠나봤기 때문에 소중한 아이들임을 안다. 내 자식들이 어깨 아래로 날 굽어보는 나이가 되었으니 그네들 존재의 속성도 알만큼은 안다. 생의 속임수라도 말간 마음으로 들여다볼 수 있을 만큼 연륜도 되었다. 하여 그 어느 때보다 더 한껏 내 마음을 펄럭일 수 있잖은가!

이 층 복도 창으로 아이들의 모습이 어른거린다. 복도에서 숲을 볼 때가 많지만 이렇게 숲에 서서 학교를 보는 것도 참 재미있다. 푸드덕 살아있는 크고 작은 나무와 풀, 낙엽, 무덤, 꽃, 벌레, 새, 햇빛, 짐승, 바람, 부러진 나뭇가지, 물, 흙 알갱이까지 오순도순 숲을 이루고 있다. 저마다 모양새도, 개성도 다른 아이들이 오순도순 어우러져 향기로운 숲을 이룰 수 있도록 저들을 품어줄 것이다.

  앞으로도 저들의 마음이 내게 오지 않을 때가 많을 것이다. 나 또한 저들의 마음을 다 읽지는 못할 것이다. 그래도 내 마음을 저들에게 꺼내줄 것이고 저들의 마음을 훔칠 것이고 내동댕이쳐지고 찢기기도 하면서 이곳에 있을 것이다. 내 마음 주워서 곱게 꿰매주는 마음인들 없으랴. 탱자나무 아래서 지금 나는 편안하다.

모지랑이 줄

 어머님 곁에 아버님의 마지막 생을 합장하였다. 다시 만난 두 분은 이제 당신들의 지실에서 행복하실까. 기다리고 있었지만 그래도 천천히 오시지, 어머니는 싱그레하셨을까. 모지랑이 되도록 주렁주렁 걸머졌던 한 생을 내려놓고 아버님, 지금쯤 우리의 안부를 조곤조곤 전하시겠지.

 묘 주변의 흙을 밟고 있는 남편은 내내 꾹 다문 입을 열지 않는다. 핏줄 터진 붉은 두 눈에 쏟아내지 못한 말들이 차란차란하다. 슬픔의 덩어리를 삼키는 방식일까. 아버님을 보내드리는 게 힘든가 보다. 우는 게 견디기가 더 쉬울 텐데….

 추석에 모인 형제들이 타지의 제집으로 돌아가기 전, 다 같이 아버님을 뵈러 요양병원에 갔을 때, 선약이 있어서 우리 부부만 빠졌다. 가까이 살고 있으니까 언제라도 가면 된다고 쉽게 생각했다. 한 달 전 시누이와 함께 가서 뵀을 때, 고명딸도 알아보시고 말씀도 곧잘 하시기에 아버님 만날 시간이 아직 많이 남은 줄 알았다. 보름도 안 돼 돌아가실 줄 꿈에도 몰랐다.

　우리네 세상살이는 줄다리기의 연속이다. 예기치 못한 죽음과 병마, 실직, 배신, 실패, 일관되게 뒤통수치는 삶과 원치 않는 힘겨루기를 해야 한다. 왜, 하필 그날 우리는 잘 가지도 않는 모임에 갔을까. 아버님께 갔더라면 이 묵직한 슬픔의 무게는 좀 덜어질까? 후회와 자책 같은 건 하지 않아도 될 일이었을까?

　남편의 구부정한 등으로 한 무더기 빛살이 쏟아지고 있다. 부모와 자식이란 서리서리 서로를 품은 존재로구나, 그 인연의 줄이 새삼스럽다. 부부는 또 어떤가. 생면부지의 두 사람이 만나 하나의 가정을 이루는 일은 알 수 없는 미래를, 불투명한 생을, 차근차근 밝히고 알아가는 과정이 아닐까. 마주 잡은 손의 따뜻한 감촉만으로도 사랑과 마음의 교류가 일어난다는 것, 그 힘이 자식으로 또 그 자식으로 이어진다는 것, 신비로운 일 아닌가. 그렇게 이어온 줄이 끊어졌으니 참지 말고 펑펑 울어버리지.

　사람들은 줄을 놓치기도 하고 놓기도 한다. 스스로 끊어내기도 하고 끊어낸 줄을 잇기도 한다. 튕겨 나가려는 줄을 부여잡고 모지락스러운 세월을 이어가기도 하고 얼키설키 꼬인 줄을 풀어가며 앙버티기도 한다. 놓쳤다가 붙잡은 줄에도, 끊었다 다시 이은 줄에도 새살은 돋는 법이고 단단한 옹이도 박히는 법이다.

  어느 밤, 이부자리를 봐드리러 들어간 내게 아버님이 농담처럼, 선문답처럼 말하셨다. 젊은이, 줄다리기 알제? 나는 팽팽하게 당기고 있는 줄을 저쪽 아가 말도 안 하고 갑자기 툭, 놓아버리면 어찌 되제? 자빠진다 아이가. 그렇다고 싸우면 안 된다. 툭툭 털고 일어나면 된다. 알았나? 우리가 빈손으로 나앉았을 때, 아버님께 저간의 사정을 이야기한 적 없으니 무슨 뜻으로 말하셨는지는 알 수 없다.

  모지랑이 줄이 되어 요양병원에 누웠을 때 아버님은 생각했을까. 툭툭 털고 일어나야지. 볕의 따스함과 감미로움이 어땠는지, 뽀송하다는 느낌은 무엇이었더라? 그러니 허리를 곧게 세우고 나가야겠다고 당신은 생각했을까. 된바람 요란하게 창을 두드릴 때, 볕 좋은 날의 포근한 구름이 창에 걸릴 때, 여우별조차 없는 캄캄한 하늘이 끝없이 펼쳐질 때, 기다렸을, 그리웠을 당신의 시간이 뼈 시리다. 그 시간은 그리움을 지워내는 시간이었는지도 모른다. 생의 전선에서 전투적으로 살아내야 했던 시간을 떠올려 보려고 안간힘을 쓰다가 하나씩 지워갔을 것이다. 어쩌면 모지랑이는 쓰임과 세월로 풍화된 것이 아니라 체념과 고독으로 잊히며 마모되는 것 아닐까.

　하얀 수의에 감겨 누우신 아버님은 늘 그렇듯이 온화한 모습이었다. 삶과 죽음이 함께한 자리지만 아버님과 우리 사이에는 가늠할 수 없는 길이와 깊이가 놓여있었다. 바람에 날려갈 시간과 마지막 인사를 할 때, 두 손으로 모지랑이 줄을 어루만질 때 생기 빠진 아버님 얼굴은 따뜻했다고 내 못난 시간을 억지 부려본다. 자식들과 겨룬 수많은 줄다리기에서 언제나 짐짓 져주고 말던, 뭐라고 종알대도 그 속이 훤히 들여다보였을 내게도 그러셨지. 그래, 젊은이가 그랬나? 알았구마. 하시면 그뿐이던 너그러운 얼굴 그대로.

　자식은 부모를 모지랑이처럼 써먹고도 이렇게 할 말이 많은가 보다. 숱한 밤을 아버님은 모지랑이가 아닌 완전한 존재로서 당신을 생각했을지도 모른다. 아버님은 기다렸을 것이다. 끝내 그리워했을 것이다. 모지랑이 되도록 쓸고 담고 마침내 닳아 없어지는 순간, 누군가 당신의 손을 잡고 그저 눈 맞추면서 고개 끄덕여 주기를 바랐을 것이다. 나의 수다와 나의 변은 봉숭아씨처럼 가벼이 흩어지고 분수처럼 튀어도 당신이 닳아 없어지는 시간에 함께하지 못했다.

　흠칫 나를 돌아본다. 닳고 헤진 모지랑이 줄이 거기에 있다. 그 어느 시간에 내 자식들도 잡은 줄을 스르르 내려놓겠지. 나처럼 내리사랑으로 치사랑을 갚는다고 속 보이는 답이나 내놓으면서. 그래도 웃어야지. 나도 아버님처럼 늘 늘하게 그래야지. 야야, 고마 툭 털고 일어나라.

 지실에 햇빛은 들까? 아무리 닫혀있어도 가을 햇살 이렇게 푸짐한데 볕뉘야 들지 않을라고. 줄지어 나는 잠자리들이 가을을 정겹게 수놓고 있다. "어릴 때 여기 오면 할아버지랑 손잡고 잠자리 잡으러 다녔는데." 장난기 많은 눈웃음이 할아버지와 꼭 닮은 아들이 말한다. 햇수로는 차이가 나지만 어머니 돌아가신 날과 아버님 눈감으신 날이 하루 사이니까 그랬을 법하다.
 잠투정하는 아들을 다독이던 남편, 그는 아직도 흙을 밟고 있다. 아버님의 잠자리를 다독다독. 잠자리 잡아달라고 보채던 아들도 이제 곧 아비가 될 것이다. 남편이 손주 손잡고 같이 올 그 가을날에도 잠자리는 평화롭게 이곳의 하늘을 날아다니겠지. 다가가 그의 늙은 손을 가만히 잡는다.

손

 취나물, 아주까리, 고비나물, 손으로 조물조물 보름나물 무치다가 큰집 진의 부음을 들었다. 나물 무치던 손에서 스르르 힘이 빠지면서 진의 그 큰 눈망울보다 시어머니 얼굴이 먼저 떠올랐던 것은 왜일까? 그놈, 잘나기도 했지. 천상 복상이야. 봐라, 저 녀석 틀림없이 잘 살 거다. 어머니가 그렇게 말하시던 그 이는 시른 살, 한창나이에 세상을 버렸다. 일상의 잔잔한 재미에 어머니 생각 까마득히 잊고 있다가 또 하나의 급작스러운 죽음과 마주치고서야 어머니 생각이 났다.

 영안실로 향하는 대보름날 한낮, 소리 없이 다가온 봄 햇살은 무거운 검은색 스웨터 위로 따사롭게 내려앉았다. 어쩔거나, 이리도 따뜻한 봄에. 새 생명이 움트는 이 봄에 제 부모 가슴에 대못을 치면서 차마 떨어지지 않는 인연의 끈을 놓느라 얼마나 힘겨웠을까. 젊디젊은 목숨이 안쓰러워 많이 울었다.

늙은 아비도 새벽같이 나가 일하는데 젊은 것이 몸 좀 아프다고 누워 뒹구냐고 그 손 우악스럽게 잡아끌어 밖으로 내몰았더니 그게 저승길 재촉한 것인지 내 몰랐구나. 가슴을 뜯어내는 큰집 형님을 보면서 내가 뿌리쳤던 어머니 손이 아련하게 떠올랐다. 어머니는 검사 때문에 금식 조처가 내려졌지만, 당뇨가 있어서 그런지 자꾸 갈증이 난다고 했다. 누가 사 온 포도일까. 몇 알만 달라는 어머니가 애처롭기보다는 철없는 애처럼 보였다. 안 돼요, 어머니. 힘없이 내미는 손을 매정하게 떼어냈다. 맹세코 그다음 날 어머니 돌아가실 줄 상상조차 못했다.

그보다는 어머니 손이 미웠다. 희고 길쭉하고 부드러운 어머니 손이. 예부터 막내란 그냥 애잔하고 예쁜 법이라고 자애로 대해주셨던 어머니건만 그 손이 싫었다. 시댁에 가면 어머니는 종종 오른손에 매니큐어를 발라달라고 했다. 어머니 손을 잡으면서도 속으로는, 혼자 하지도 못할 걸 왜 자꾸 바르시지, 그렇게 중얼거렸다. 그러면 어머니는 그 속내 알아챈 듯, 왼손이 자꾸 떨리네, 그러셨다.

그때마다 친정엄마가 떠올랐다. 어머니 손보다 더 이쁜 울 엄마 손은 늘 물에 젖은 손이었다. 고단한 삶에 긁히고 찔려 시큰거리고 저릿해서 앓는 손이었다.

분홍, 주황, 빨강, 반짝이, 화장대 위에 웬 매니큐어는 그리도 많던지. 시집와 보니 어머니는 그 연세의 노인네들답지 않게 고생을 모르는 부드러운 손을 가졌다. 울 엄마 손에 바르면 훨씬 더 이쁠 텐데, 그런 생각에 이것저것 매니큐어를 들었다 놨다 하면서 어머니 손에 칠해질 그것들이 참 꼴 보기 싫었다. 울 엄마 일손이, 색이 죽어버린 손톱이 질박하고 정갈한 진짜 손이라고, 포도주 빛깔로 빛나는 어머니 손톱을 흘겨보기도 했다.

뭐니 뭐니 해도 음식 맛은 손맛이다. 숟가락으로 뒤적뒤적한 거나 위생 장갑 끼고 무쳐낸 거야 제맛이 난다더냐? 그저 손으로 척척 해내는 음식이 최고지. 그럴 때는 음식에 매니큐어 가루라도 떨어지는 거 아닐까, 두 눈 부릅뜨고 지켜보기도 했다.

어머니 갑자기 쓰러지셔서 대학병원 응급실로 실려 가신 날도 그랬다. 담당 의사가 마취해야 하니 어머니 손톱 매니큐어를 지우라고 했을 때, 나도 모르게 얼굴이 벌게졌다. 우리 어머니 아무 일도 없어야 할 텐데, 그런 걱정보다는 노인네가 무슨 옷 치장, 손 치장이 이렇게 유별나서 이런 지적을 받지? 하는 생각부터 들었다. 매니큐어 지울 때, 손에 전해오던 따뜻한 온기가 마지막이 될 줄은 정말 몰랐다. 어머니가 우리 곁을 그리 쉽게 떠날 줄 어찌 알았겠는가?

어머니를 미워했던 게 아니다. 어머니 손인들, 그 매니큐어 발라진 손톱인들 무엇이 미웠겠는가? 그건 부러움의 또 다른 이름이었다. 아버님 그늘에서 어려움 없이 사시는 복 많은 어머닐 볼 때마다 엄마가 자꾸만 목의 가시처럼 걸리적거렸다. 몸고생, 마음고생에 세상과 맞서는 법 익히기에 바빠 스스로 강해지고 독해질 수밖에 없었던 엄마와 말갛기만 한 어머니를 자꾸 비교했기 때문이다. 때로는 무뚝뚝한 엄마보다 어머니가 더 따뜻했다. 물빛 바지 사 오셨던 날, 내게 입히시고 손수 바짓단 고쳐주시며 흐뭇해하셨을 때, 눈 오는 날이면 미끄러지니까 운동화 신으라고 전화 주실 때, 갖가지 음식 싸주면서 맛나게 먹으라고 하실 때면 고맙고 따뜻해서 어머니 손에 울컥, 내 얼굴 묻고 싶기도 했다.

하지만 그러면 엄마께 죄짓는 것 같았다. 세상에 맞서느라 늘 허우적대는 엄마에게 따뜻한 위로와 감사의 말은커녕 정 없다고 대들기만 했던 내가 어떻게 시어머니가 내민 손은 그렇게 쉽게 잡을 수 있겠냐는 묘한 논리로 차라리 어머니 손을 싫어하는 편을 택했다. 그게 더 쉬웠다.

진이 육신을 떠나는 마지막 길에 따뜻한 봄볕이 복사꽃처럼 환하게 떨어져 내린다. 어머니 떠나시던 날도 청정하고 따신 가을볕이 온 산을 곱게 물들이고 있었지. 어머니가 잘 살 거라 하셨던 진이 지금 눈앞에서 멀어져 간다. 살아 있는 우리는 또 내일이면 웃고 마시며 즐기는 일상으로 돌아가겠지. 또 그렇게 우리 곁을 떠난 사람들을 잊겠지. 그래도 이 순간, 어머니의 희고 길쭉한 두 손이 가슴을 아프게 헤집어놓는다.

나무의 내력

 진득거리는 머리카락이 자꾸만 목에 휘감겼다. 성하의 햇발을 고스란히 받은 정수리에서, 땀방울이 뚝뚝 떨어졌다. 사방천지에 뻗친 빛줄기가 출렁거리는 물결처럼 쏟아지는 신작로를 걸어가자니 멀미가 날 듯 어지러웠다. 나무 그늘을 찾았지만, 진초록 잎사귀를 매단 가로수도 늘비한 잡초처럼 먼지를 뒤집어쓴 채 열기만 내뿜고 있었다. 길은 끝이 보이지 않고 멀기만 했다.

 엄마가 말해준 곳에 아버지는 없었다. 아버지가 있어도, 없어도 내겐 어려운 임무였다. 그곳에 아버지가 있다고 내 손잡고 집에 올 리도 없고, 아버지가 없었다고 말하면 엄마는 또 복장이 터질 것이기 때문이다. 먼지와 땀에 젖은 신발 안에서 맨발이 부르텄는지 발가락이 아팠다.

 집으로 돌아왔을 때, 헛걸음만 시켰네, 엄마가 무뚝뚝한 목소리로 말했다. 문 앞에는 아버지의 구두가 놓여있었다. 종일 달구어진 사택의 방문 하나가 바람 한 점 들어갈 틈

없이 굳게 닫혀있다. 엄마랑 아버지는 그새 또 싸웠나 보다. 울다가 잠들었는지 방바닥에 웅크리고 누워있는 동생들에게서 땀내가 났다. 밥상 앞에 앉아서 물 만 밥을 넘기는데 자꾸만 눈물이 나왔다. 헛고생한 게 억울했고 이렇게 뜨거운 날에도 차갑기만 한 집 안 공기가 서러웠다.

몹시 열이 나던 날이었다. 아버지가 자꾸 까라지는 나를 자전거 뒤에 태우고 병원에 데려갔다. 아버지와 단둘이 가는 게 어색했다. 자전거가 덜컹거릴 때마다 엉덩이도 아프고 아버지 허리를 움켜잡아야 하는 것도 곤혹스러웠다. 아버지 등에 자꾸 얼굴이 닿으려고 해서 허리를 곧추세우려고 했지만, 나도 모르게 아버지 등에 얼굴을 대곤 했다. 열꽃이 피어서 그랬을까. 그 등은 따뜻했다. 병원을 오가는 동안 지척에 보이는 바다가 줄곧 우리를 따라왔다. 까치놀이 출렁거리던 그 바다는 내 가슴에 지워지지 않는 잔영으로 남았다.

중학교에 입학했던 해 초여름, 처음으로 글짓기 대회에 나갔다. 대회가 열린 공원은 나들이 나온 사람들로 북적거렸다. 아이들 손을 잡고 공원에 놀러 온 가족들이 눈에 띄었다. 나는 자전거를 타고 병원에 갔던 그날의 아버지와 나의 이야기를 썼다. 상을 받았다. 상장을 보신 아버진, 글짓기 대회에 나온 사람이 너 하나뿐이었냐고 했다. 왜 그리도 칭찬에 인색할까. 엄마나 자식들에게 아버지는 늘 어려운 숙제였다.

우리는 아버지 집을 떠났다. 그곳에 남은 달보드레한 무화과와 알알이 푸른 청포도 나무가 아버지보다 더 많이 생각났다. 그리고 사택의 지붕보다 더 높이 자란 우람한 오동나무도 자꾸 떠올랐다. 종 모양의 보랏빛 꽃을 송이송이 매달고 있는 나무에서는 진한 향기가 났다. 커다랗고 푸른 잎사귀도 좋았다.

"아무리 거센 파도가 닥쳐와도 인생의 바다를 잘 헤쳐가길 바란다."

그런 요지의 장황한 편지가 인생을 알 리 없는 내 앞으로 도착했다. 일용한 양식이 되지 못하는 아버지의 말씀은 허망했고 모래처럼 서걱거렸지만 열다섯의 나는 어쩐지 그 편지를 버리지 못하고 책갈피에 내내 간직했다.

대학교 졸업을 앞두고 치른 언론사 시험에 차례로 떨어지고 의기소침해 있을 때, 아버지에게서 연락이 왔다. 밑도 끝도 없이 어떤 섬의 중학교에 교사 자리를 알아놨으니 바로 목포로 오라는 거였다. 교사는 싫다고, 더구나 섬마을 선생은 상상도 한 적이 없다고 했지만, 큰딸의 책무에 대한 아버지의 타박이 계속 이어졌다. 맏인데 빨리 벌어서 동생들 앞가림을 해주라고, 여자 직업으로 선생보다 더 좋은 게 어디 있냐고. 할 수 없이 집을 나섰다. 그래도 아비라고 직장도 알아놨는데 면은 세워줘야지, 하면서 엄마가 등 떠민 것도 한몫했다.

목포까지 가서 다시 통통배를 타고 찾아간 섬마을 중학교는 생각과 달리 아늑했다. 학교 담을 둘러가며 서있는 나무들이 해풍에 시달리면서도 훌쩍 키를 키우고 있는 모습이 짠하면서도 장했다. 운동장을 걸어가는 아버지가 턱없이 위풍당당해서 도리어 나는 주눅이 들었다. 아버지는 다짜고짜 교장실 문을 열었고 난데없는 침입자에 놀란 교장이 엉거주춤 일어나며 누구냐고 물었다. 새로 온 국어 선생이라고, 국문과 수석 졸업생이라고 아버지가 내 이력서를 턱, 내밀었다.

더러 장학금을 받긴 했지만 내가 수석이라니, 나는 어리둥절했고 교장은 당황해서 교감을 호출했다. 그는 우리를 보더니 화들짝 놀라며 질끈 눈을 감아버렸다. 확실히 알아보지도 않고 그 먼 섬까지 덜컥 데려가기부터 해놓고도 아버지는 끝내 미련을 못 버렸다. 애초에 내가 쪼그맣게 생긴 게 사단이라고. 다 된 밥인데 멸치처럼 삐쩍 말라서 면접에서 배려분 거라고 불퉁거렸다.

다시 집으로 돌아갈 일이 아득했다. 그 옛날 아버지를 찾아다니느라 뙤약볕 쏟아지는 한길을 헤매던 것처럼 멀미가 났다. 옆에 앉은 아버지가, 집에서 너무 먼 곳이라 면접에서 떨어진 게 차라리 잘된 일이라고, 맏이니까 엄마한테 잘하라고 두서없이 늘어놓았다. 파도 소리에 묻혀버리는 아버지 말을 건성건성 듣고 있는데 이상하게 그 운동장의 나무들이 자꾸 떠올랐다. 옛집 마당에 가득했던 무화과, 청포도, 오동나무들은 아직도 그곳에서 무사할까, 궁금했지만 아버지도 그 사택을 떠난 지 한참 되었다.

우리는 목포항에서 헤어졌다. 버스 정류장으로 가다가 돌아보니 멈칫 서있는 아버지의 뒷모습이 보였다. 그 등으로 자전거를 타고 가는 어색한 부녀의 모습이 지문처럼 남아 있었다. 괜히 눈물이 났다. 나는 달려가서 아버지를 불렀다. 아버지가 빨개진 눈으로 돌아봤다. 같이 가자고 말했다. 아버지가 쓴웃음을 지었다. 맏이는 그래야지. 나는 없는 사람이 아니니까. 그렇게 말하면서 아버지는 돌아섰다. 사건의 전말을 들은 엄마는 탄식했지만, 내가 교사가 되겠다고 하니 더없이 좋아했다.

나는 청보리가 파도처럼 일렁이는 논배미들 옆에 아담하게 들앉은 중학교의 국어 선생이 되었다. 안개가 많은 곳이었다. 걸핏하면 두껍게 내려앉는 안개 때문에 저 멀리서 걸어오는 아이들은 형체 없이 그 발목만 보였다. 그러다 차차

종아리가 보이고, 몸통이 보이고 얼굴이 드러났다. 그 아이들이 참 좋았다. 학교 뒷산도 좋았다. 처음으로 혼자가 된 시골 생활이 외로울 때면 뒷산으로 갔다. 이름 모를 나무들 사이에서 내가 구별할 수 있는 밤나무와 감나무, 소나무들을 만났을 때, 친구를 만난 것처럼 그렇게 좋을 수가 없었다.

아이들을 가르치면서 내 앞으로 왔던 아버지의 긴 편지가 떠오르곤 했다. 아버지는 어떤 아버지가 되고자 했을까. 알 수 없지만, 섬으로의 동행이 나를 교사의 길로 들어서게 한 것은 분명하다. 그리고 아이들과 함께한 세월을 통해서 알게 되었다. 내 집에 켜둔 불빛 하나가 길 잃은 누군가의 지친 발걸음을 따뜻하게 덥힐 수도 있음을. 우리가 하는 말과 행위가 알게 모르게 누군가의 행로를 밝혀주는 길잡이가 되기도 한다는 걸. 우리에게 아버지는 풀기 어려운 숙제였지만 누군가에게는 답이었을지도 모른다.

아버지를 잊고 사는 날이 많았다. 결혼하고 아이들을 키우고 사회생활을 하면서 촘촘하게 맺어지는 인간 관계망 속에서 드러내기 군색스러웠던 상황과 시간도 많았다. 그러나 그 또한 세월의 굳은살이 박이니 덤덤해졌다. 아버지 생신이나 어버이날, 한 번씩 만나던 게 몇 년에 한 번으로 틈이 벌어지고, 그나마 내 삶에 닥친 이러저러한 파고에 흔들리고 비틀거리다 보니 옆에 있지도 않은 아버지를 내 마음에서 내보내는 일은 그리 어렵지 않았다. 아버지가 떠오르면 우리를 돌보지 않았다는 것으로 나의 찜찜함을 정당화했다.

남동생에게서 아버지가 쓰러졌다는 말을 들은 건 유월의 끝자락, 함지산에서였다. 그날따라 산자락 끝에 서있던 오동나무에서 유난히 많은 보라색 꽃이 떨어져 뒹구는 걸 보고 남편에게 옛날 사택의 지붕 위로 떨어지던 오동나무꽃에 대해 말하던 참이었다. 등줄기로 오소소 한기가 타고 내려갔다.

늙은 아버지는 나를 알아보지 못했다. 남편이 내 손을 잡아 아버지 손에 놓으면서 큰딸 왔다고 말하자 아버지는 합죽한 입으로 자꾸만 어린 나를 불러댔다. 공부도 잘하고 이뻤다고, 칭찬 한번 제대로 해주지 않았던 어린 시절의 나를 자분치 허연 나에게 자꾸만 웅얼웅얼 늘어놓았다.

몇 달 후, 아버지는 다시 돌아올 수 없는 길을 떠났다. 어린 나를 자꾸 불러대던 그날, 어쩌면 아버지는 가슴 깊이 품고 있던 그리움을 그렇게 풀어낸 건지도 모른다. 내 오래된 책갈피에서 낡은 시간을 붙들고 있는 아버지의 편지를 꺼내본다. 보푸라기가 이는 누런 편지지, 아버지라는 늙고 낡은 나무를 읽는다.

맨발

 맨발, 맨발들이 지나간다. 등산화를 들고 마주 오는 맨발은 산길을 꽤나 걸은 모양이다. 지친 표정이다. 나를 지나쳐 앞서가는 맨발도 있다. 성큼성큼 걷는 그의 뒤태는 아직 가뿐해 보인다.

 맨발 걷기가 대유행이다. 이쯤 되면 열풍이다. 지자체마다 앞다퉈 공원이나 강변 둑길에 맨발 걷기 길을 조성하고 있다. 너도나도 맨발 걷기 효능과 정보를 쏟아내고 경험담을 공유한다. 맨발로 걷지 않으면 큰일이라도 날 것 같다.

 조성된 길은 아니지만 함지산에 오르는 동안 맨발로 걷는 이들을 여럿 만났다. 너덜겅인데도 그랬다. 맨발로 돌길을 걷든 흙길을 걷든 아무도 신경 쓰지 않는다. 이제는 두툼한 등산화를 신은 내가 유행에도, 건강 지키기에도 한참 뒤처진 사람 같다. 맨발이야말로 땅과 가장 먼저 만나는 일이니까 자연을 꿈꾼다면 이제라도 등산화를 벗어 던지고 걸어볼 일일까?

두툼하고 볼 넓은 맨발이 지나간다. 뭉툭하고 벌건 발가락을 달고서 쩍쩍 갈라져 못생긴 발이다. 꼭 맨드라미 같다. 곰보 자국 같은 씨방을 가득 품고서 담장 아래 우두커니 서있는 맨드라미와 많이도 닮았다. 어디서 봤더라, 저 맨발을? 외로 고개를 돌리고 물끄러미 쳐다보니 뒤통수가 따가웠을까. 맨발의 주인이 불퉁한 표정으로 돌아본다.

울 엄마 발 못생겼다. 남편이 시어머니 발바닥을 쓰다듬으면서 그렇게 말했을 때, 그의 얼굴과 시어머니의 얼굴이 동시에 벙글거렸다. 웃는 얼굴을 뭐라 할까만, 그 다정한 모자가 날리는 함박 웃음꽃이 얄미워서 내 마음이 참으로 얄궂게 울렁거린 적도 있었다.

그러나 그 맨발은 어느 볕 좋은 가을, 부신 햇살 속으로 저벅저벅 걸어가 버렸다. 너무나 일찍 영영 사라져 버린 애잔하고 시린 맨발이었기에 남편에게는 참 고왔던 아픔이었음을 그때는 몰랐다.

선글라스를 낀 멋쟁이의 맨발이 지나간다. 발톱에 맨드라미 색깔의 페디큐어가 꽃잎처럼 내려앉은 맨발이 예쁘다. 걸음걸이도 사뿐거린다. 속박에 얽매이지 않은 자유로운 자의 여유가 날개처럼 가볍다. 작고 갸름한 그 발이 등산화에 갇히지 않고 나붓거리는 게 다행이라는 객쩍은 생각도 든다.

천 년 가까이 중국에서 유행했던 전족 풍속은 성적 측면을 강조한 봉건사회 남성우월주의가 만들어낸 악습이다. 10센티미터 크기로 만들어진 전족을 금련, 서연이라 부르며 남자 손바닥 위에서 춤을 추게 했다는 믿기 어려운 이야기도 있다. 어린 소녀의 발을 인위적으로 묶어서 성장을 막고 미인의 조건으로 삼았으니, 어쩌면 아름다움이란 허랑하고 잔인한 구석을 가진 건지도 모른다.

평생 한여름에도 맨발을 보이지 않던 엄마도 황톳길에서 맨발 걷기를 한다. 땅을 꿰차고 길을 끌고 우직하게 걸어가기 위해 엄마는 스스로 발을 동여맸었다. 어쩌면 엄마에게 맨발이란 핍진하고 곤고한 시간 위에 세우는 한 줄기 바람 같은 것이었을까. 그 바람을 잠재우려 한 것은 당신이 꿰차고 가야 할 길이 방향을 알 수 없는 아득한 안개 속이었기 때문일 것이다. 이제야 맨발이 된 늙은 엄마가 홀쭉한 볼웃음을 짓는다.

한 남자가 체육 시설 벤치에 앉아서 맨발을 닦고 있다. 잔뜩 찌푸린 얼굴이지만 발을 닦는 그의 손길은 조심스럽다. 산길에는 돌멩이, 묵은 나뭇가지, 사람들이 흘리고 버린 흔적들이 널려있다. 뭔가에 걸리고 찢겼는지도 모른다. 그의 옆에는 반으로 접힌 양말이 놓였다. 남자의 맨발은 메마르고 거친 흙빛이다. 어떤 삶을 살았기에 저런 형상일까. 저 맨발은 얼마나 많은 짐을 어깨에 지고 세월의 강을 건너왔을까. 지난겨울 내내 걸었던 논둑이 생각난다. 추위에 얼었다가 오후의 빛살에 녹기를 반복하면서 축축해진 논틀길에는 잘라낸 볏짚들이 눅눅하게 쌓이고 겨울을 나는 로제트 식물들이 몸을 낮추고 있었다. 그 길은 볼품없고 거칠었지만 수많은 입을 먹이고 키워온 근본이었다. 흙의 기운을 그러모아 응집한 듯한 발등과 발바닥이 그 논틀길과 닮아있다. 남자의 맨발이 흙에 기대 자식을, 어버이를 먹여 살리는 아버지들 같아서 문득 뻐근하다.

  남편이 맨발로 서있다. 양복바지 아래로 삐죽 나온 맨발이 우스워 깔깔거렸다. 그렇게 우스울 일도 아닌데 웃었다. 그 웃음 끝에 괜한 눈물 한 방울이 불쑥 꼬리를 매단다. 남편에게 양말을 건넨다. 무심히 받아 든 남편은 이제 양말을 신고 구두끈을 조이고 길을 나설 것이다. 발 위에 나와 아이들의 발까지 얹고 긴 세월 무던히도 걸어왔던 그의 기울어진 뒤축을 배웅한다.
  그의 길은 어땠을까? 발이 부르트도록 걸어온 그 길에서 그는 가끔 푸른 하늘을 올려다봤을까? 맨발로 모래밭을 뒹굴고 보드라운 잔디 위를 뛰놀던 풋것의 시절을 떠올린 적 있을까? 눈곱 같은 눈물을 닦으며 돌아서는 내 맨발이 시리다.

4장

가볍거나 무겁거나

밥

 오늘 나는 내 밥그릇을 빼앗겼다. 아니, 공정한 공개채용 과정을 거쳤으므로 그렇게 말하는 것은 도리가 아니다. 그럼에도 눈 뜨는 아침마다 난 억울할 것이다. 내 아람치를 차지한 사람은 수럭수럭해 보이는 젊은이다.

 재임용을 확신했다. 떨어진 이유는 아마 나이 때문일 것이다. 그렇지 않고서야 내 열심을 그렇게 인정해 주던 자들을 무슨 수로 설명하겠는가. 그렇다고 위로가 되진 않는다. 상실감과 자괴감이 온 마음에 불을 질러 데인 곳마다 쓰라리다. 일전에 기간제 교사인 친구가, 자기 자리를 젊은 남자 교사로 교체한다고 호소를 해왔을 때 나는 그의 성실성을 의심했다. 이제 그에게 미안하다.

 철밥통을 끌어안고, 밥벌이의 고단함을 구시렁대는 자들의 여유롭고 자비로운 위로와 악수를 받으며 지칫지칫 돌아선다. 교문을 들어설 때마다 인사를 건네던 배롱나무가 가장이에서 놀고 있는 바람을 내게 날리며 잘 가시오, 한다. 염천을 불사하고 불같이 피워내던, 그 많은 꽃잎 다 어디 갔나. 빈 몸으로도 늠름한 품새인 그를 보니 뭔지 모를 뜨거움을 부둥켜안고 내려놓지 못하는 나, 노욕이 아니면 무엇일까. 때때로 가지를 쳐내고 꽃잎도 떠나보내야 할 삶에서 늘 열매만 따려고 까치발로 동동거린다. 그들 앞에서 당당하게 수저를 내려놓고 씨억씨억 나오지 못한 것이 후회된다. 그러나 심사상의 오류였다고, 다시 출근하라면 한 치의 망설임 없이 직수굿하게 예! 대답하리라.

소소리바람에 교문 밖으로 날리면서, 남편의 명예퇴직 날을 떠올린다. 작가 '헤밍웨이'는 "퇴직이라는 말은 모든 말 중에서 가장 혐오스러운 단어."라고 말했다. 그 싫은 일을 상의도 없이 단행하고도 남편은 덤덤하기만 했다. 내가 가시덤불이 된 속을 달래느라 방 안을 설설 기는 동안 남편은 아들과 둘이 라면을 끓여 먹으며 속을 풀고 있었다.

남편이 저녁상을 내온다. 그가 유일하게 할 줄 아는 달걀프라이와 김치만 놓인 상이지만 갓 지은 따뜻한 밥이다. 목막히는 강다짐이어도 밥알이 넘어가니 몸에 퍼지는 따뜻함이 편하다. 미리 불리지 못한 속청이 쪼글쪼글해진 껍질로 푸른색을 안은 채 내 입에서 단단하다. 그 단단함이 젊은 시절의 막냇동생을 불러온다. 자신이 믿는 길을 묵묵히 걸었던, 부조리한 세상을 향한 항의에 자신의 안위를 걸었던 동생. 그 시절에 대한 기억은 입안에서 올강볼강거리는 속청처럼 깔끄럽다. 쫓겨 다니던 동생이 조카가 보고 싶어 홀지에 우리 집에 들렀을 때, 겨우 밥 한 끼 먹이면서 오늘의 평화와 일용할 양식을 최우선으로 삼고 살았던 내 삶이 새삼 부끄럽고 아프다.

우리의 시간은 침봉 위에 꽂힌 꽃처럼 아름다움에 가려진 혹독한 상처일까? 우리는 그런 애처로움이라도 꼿꼿하게 세우려고 안간힘 쓰다가 지고 마는 존재일까?

시린 늦가을, 아들은 취업 면접을 보고 서리 맞은 국화처럼 새득새득한 얼굴로 귀가했다. 행여 식을까, 신경 써서 내민 뜨거운 밥에 찬 보리차부터 부었다. 물 만 밥을 꾸역꾸역 넘기던 아이는 끝내 눈물을 보이며, 지금이라도 군대 갈까? 중얼거렸다. 자꾸 최종 면접에서 떨어지자, 혹시 '군면제'가 불리하게 작용했는지 알고 싶다고 그동안 지원했던 곳에 간곡한 메일을 보냈고 한군데서 '그렇다'라는 짧은 답신을 받았단다. 아픈 것이 제 잘못도 아닌데, 아이의 머릿속 종양은 감각중추를 눌러서 물도, 미음도 넘기지 못하게 하더니, 완치된 후에도 밥벌이를 위협하고 있다. 나는 목으로 넘어가는 한술의 밥이 얼마나 소중한지 아는 사람이야말로 밥벌이할 자격이 충분하다고, 분명히 기회가 올 거라고 아이를 다독였다. 아이가 희미하게 웃으며 주억거렸다.

엄마는 밥 한 덩이, 진둥한둥 넘기는 동생 앞에서 눈물을 보인 적이 없다. 언제 불쑥 들를지 모르는 동생 때문에 날마다 이불 속에 앙궈뒀던 밥이 식어버리면 그제야 물에 말아 넘기면서 그 물보다 많은 눈물로 기도할 뿐.

  이제 여든넷, 엄마는 먹음새가 탐스럽다. 미각을 잃었지만, 미각이 여전한 나보다 밥을 더 잘 먹는다. 날마다 따뜻한 밥을 주시고, 자식들 무탈하게 지켜주셔서 감사하다고 기도하며 먹는 밥을 깨지락거리면 안 된다고 말한다. 맛은 느끼지 못하지만, 이 음식에 어떤 양념을 넣어서 어떤 맛을 내었는지 상상하며, 생각과 음식을 동시에 씹는다. 그래서 언제나 밥맛이 좋은 엄마. 엄마의 밥은 뼈가 되고 살이 되어 엄마의 얄팍한 허리를 꼿꼿하게 세워준다. 생각을 반찬 삼아 먹는 밥은 건강하고 긍정적인 마음결이 된다. 엄마는 딸과 아들과 함께했던 수많은 밥때를 떠올린다. 그 기억에 들어앉은 살가움을 꺼내 삶의 에너지를 얻고 또 전한다.

  남편이 차려준 밥이 내 몸에서 따뜻한 피가 되어 돈다. 그동안 잦추르며 사느라 고생 많았다고 위로하는 밥 한 그릇이, 죽을 때까지 이 남자와 함께하리라는 비장함까지 들게 만든다. 엄마의 앙군 밥이 아들의 안위를 지켰고, 다른 사람의 밥이 되게 했다. 나도, 아들 앞에 차린 내 밥이 건강하고 따뜻해서, 그가 마침내 얻은 밥그릇을 늘 기억하며 성실하길 바란다. 더 채우기 위해 허방에 발 담고 미망에 사로잡히지 않길 기도한다.

  오늘도 우리 가족 둘러앉은 밥상에서 따뜻함 한 숟가락씩 모으면 누군가의 온전한 밥이 될 수 있을까? 내 억울함은 생각보다 빨리 누그러질 것 같다. 외롭고 힘든 길을 걸어왔을지도 모르는, 그 누구의 자식인, 내 아람치를 갖게 된 젊은이여. 이제 당신의 새로운 시작이 밥에 담긴 의미를 발맘발맘 찾아가는 성실한 발걸음이 되길.

폐지 줍는 할아버지

 가로수 아래 벤치에 초라한 행색의 노인이 옹송그리고 앉아 담배를 태운다. 옆에는 폐지를 쌓아놓은 손수레가 있다. 폐지를 수집하러 다니다가 잠시 쉬는 모양이다. 나뭇잎 흔드는 갈바람에 담배 냄새가 퍼진다. 폐지 타는 냄새 같아 흠칫 돌아본다.

 벤치 위로 키가 껑충 큰 가로수는 수피가 너저분한 중국단풍나무다. 할아버지도 나무껍질처럼 추레하다. 그 옆으로 작은 신나무 단풍잎이 붉게 물들어 간다. 온통 초록이 늘어선 여름의 길섶에 묻혀있어서 있는 줄도 모르다가 문득 붉은 단풍이 도드라지면 그 존재를 알게 되는 나무다. 폐지 줍는 노인도 그렇다. 평소에는 있다는 것도 의식하지 못하고 살았는데 신나무처럼 문득 내 마음을 붙잡는다.

 저 할아버지도 구부정한 허리로 차도와 인도의 경계를 어정쩡 지나다니겠지. 자신의 몸무게보다 더 나가는 손수레를 끌고 널브러진 폐지를 주우면서 수십 리를 걸었겠지. 때로는 폐상자를 놓고 경쟁자와 눈치 싸움을 벌이며 마트 같은 데서 서성거렸겠지. 세상 저 끝에서 반짝이는 별로 와서 땅끝을 향해 풀썩이는 먼지가 되도록 끝없이 걸어왔겠지. 길바닥에 부려놓은 손수레에 기대앉아 조숙조숙 졸기도 했을까.

할아버지의 수레 위로 스르르 낙엽이 내려앉는다. 평생 끌고 온 생의 구부정한 등들이 수레 가득 담겨있다. 지금은 구겨지고 찢긴 폐지지만 온전한 상자로 팔딱이는 생을 담은 적도 있었다. 가을 햇살에 탐스럽게 익은 생도 곱게 싸안았을 것이다. 그러나 화사했던 시간도, 축축하게 젖은 시간도 가장 낮은 곳에 누웠다. 이제는 저 할아버지의 고단한 손에 끌려 어느 고물상의 담벼락에 쌓일 것이다.

어느 중학교에서 근무할 때 일이다. 그 당시 나는 NIE(신문활용교육)를 교과 연계 선상에서 활용하는 수업을 종종 했다. 그러다 보니 학교에 있는 신문들을 사용하는 경우가 많았다. 하루는 음악 선생님이 내게 와서 사용하고 남는 신문 폐지를 전부 모아서 달라고 했다. 선생님도 NIE를 하느냐고 물었더니 고개를 저었다. 자기 친정엄마가 폐지를 수집하러 다닌다고 했다. 그동안 학교에서 나오는 것을 다 모아서 가져다드렸는데 내가 신문을 가져간다는 말을 듣고

왔다는 것이다.

당연히 드리겠다 했고, 선생님은 웃으며 자기 자리로 돌아갔다. 그 뒷모습을 보면서 여러 가지 생각이 들었다. 자기 엄마가 폐지 줍는 노인이라는 말을 어쩌면 저리도 당당하고 해맑게 할 수 있을까. 꼭 숨겨야 할 일도 아니지만, 나라면 조용히 남모르게 가져가지, 저렇게 드러내지는 않았을 거라는 생각과 함께 그 당당함이 부러웠다. 한편으로는 왜 엄마가 그런 일을 하는데 번듯한 형편의 딸이 말리질 않을까, 그런 생각도 두서없이 떠올랐다. 그 후로 신문을 활용할 때마다 얼굴을 뵌 적 없는 선생님의 엄마와 우리 엄마 얼굴이 자꾸 겹치기도 했다.

어느 날, 여교사 모임이 있었다. 그 자리에서 선생님이 친정엄마 이야기를 다시 꺼냈다. "하루는 우리 엄마가 이 나이에 폐지나 주우러 다니고, 그러는 거야. 그래서 내가 말했지. 엄마 나이에 허리 굽혀 폐지 주울 수 있는 건강이 있고 폐지 모아다 주는 딸이 있으니 엄마 팔자가 얼마나 좋아." 그런 것 같기도 하고 아닌 것 같기도 했다. 아무튼 우리는 한동안 신문 폐지나 철 지난 참고서 같은 걸 모아 그 선생님께 드렸다.

폐지 시장이 얼어붙어서 노인 생계가 흔들리고 있다는

뉴스를 본다. 가뜩이나 헐값인 폐지 가격이 갈수록 떨어져 kg당 100원까지 했던 게 지금은 40원, 100kg을 실어야 4,000원이다. 경기 침체에 폐지의 수출길이 좁아지면서 가격이 내리는 것이다. 고물상들이 폐지를 모아 압축장으로 보내는데 요즘은 물량 초과라 쌓아둘 공간도 부족하다고 한다. 수거 자체가 안 되거나 수출길이 막히면 폐지 가격은 계속 내리고 그러면 폐지 줍는 노인들의 생계가 위협받고 나아가 환경 문제로 이어질 수도 있다. 실제로 마트 같은 곳에서 폐박스를 수거하는 대신 주변 청소를 해주기도 한다는 얘기를 들었다. 길거리에 폐지가 굴러다니지 않는 건 이분들 덕인지도 모른다.

  벤치에 우두커니 앉아있는 저 노인은 무덥던 지난여름을 어떻게 건너왔을까. 아직은 건강할까. 이제 된바람 부는 계절은 또 어찌 견뎌낼까. 가족은 있을까? 그 선생님 말처럼 기댈 가족이 있고 건강하다면 팔자 좋은 노인일지도 모른다.
  노인에게도 꽃 피는 봄은 오겠지? 언젠가 저 할아버지도, 우리의 생도 폐지처럼 바닥에 누워 땅끝으로 가겠지. 할아버지 손수레 위에 누운 생들이 다다르는 곳은 능소화 흐드러지게 피어나는 우리 동네 고물상 담벼락이면 좋겠다.

당신의 소나무

 비에 젖은 산을 오른다. 너덜겅을 밟고 서느라 깊숙이 박지 못한 소나무 뿌리들이 늙은 뱀처럼 구불텅구불텅 비탈을 들쑤셔 대고 있다. 묵은 뿌리를 지그시 지르밟자 미끄러진다고 옆에서 혀를 찬다. 바람이 산을 흔들어댈 때마다 잡목의 이파리에 남아있다가 후두두 떨어지는 빗물이 햇살에 반짝거린다. 찬란하길 바라지만 우리네 삶도 비에 젖고, 바람에 흔들린다.

 햇빛을 좋아해서 볕살만 많으면 돌무더기 너덜겅이라도 괜찮은 소나무는 빽빽한 잎으로 빗방울을 막고 햇빛도 막아버리기 때문에 그 아래서 다른 식물이 살아가기 힘들다. 그래도 봄이면 소나무 곁에는 그 강철 같은 푸름을 뚫고 분홍으로 피어나는 진달래가 있다. 연한 꽃잎이, 손톱 같은 꽃망울이 소나무를 견디며 그 곁에서 사는 것이 참 신기하다. 강하고 꼬장꼬장한 것을 이기는 것은 더 강한 것이 아니라 여린 부드러움일까?

친정으로 향하는 길이 여느 때와 달리 길고 무겁다. 아버지가 쓰러졌다니 가봐야 할 것 같다고 말했을 때 엄마의 반응은 의외였다. 충격으로 멍해진 모습도 그랬고 무엇보다 엄마의 마음에 아버지가 있으리라고는 생각하지 못했다. 여차하면 같이 가자는 말까지 나올 것 같아 지레 질러버렸다. "엄만 무릎 아파서 가자고 해도 못 가겠네. 하긴 엄마가 뭣 땜에 가겠어." 엄마 입이 순간, 벙긋 벌어지다 말고 꽃샘바람에 질끈 눈 감아버리는 꽃봉오리처럼 닫혔다. 엄마는 정말 몹시 아픈 듯 아이고, 앓는 소리를 내면서 애먼 다리만 두드려댔다.

인기척을 느낀 아버지가 눌어붙은 눈을 떴다. 하지만 그 눈동자는 날 담지 않고 비껴서 맞은편 허공 어디쯤 머물고 있다. 무심하고 무표정한 얼굴이다. 아버지의 기억 속에는 이미 내가, 우리가 없을 것이다. 간병인이, 큰딸이 왔다고 말하자 아버지는 입가에 삐죽 웃음을 흘리며 뭐라고 웅얼거렸다. 아버지의 언어를 자기만 알아듣는 것이 퍽 자랑스러운지 간병인은 자꾸만 아버지에게 말을 시켰고 그때마다 아버지는 말 잘 듣는 아기처럼 알아듣지도 못할 말을 웅얼거렸다.

아버지 치매가 심해지는 것 같다고 간병인이 말했다. 잠도 통 못 자고 자꾸 집에 보내달라 보챈다고 했다. 처음 보는 나한테 말하는 본새나 아버지께 하는 걸 보면 천성이 살가운 사람인가 보다. 아버지 얼굴에 설핏 웃음 한 자락 스치는가 싶더니 뭐라고 또 웅얼거렸다. 간병인이 아버지 얼굴 가까이 귀를 대더니 통역을 했다. "큰딸이 아직 애긴 줄 아는 갑소. 자꾸 이쁜 놈, 이쁜 놈, 그라요."

날 알아보지도 못하는 아버지, 수십 년 만에 도착한 아버지의 칭찬, 이제야 받아 든 나는 무얼 할 수 있을까. 그저 늙은 손 한번 잡고 이불 한 자락 끌어 올려주는 것밖에. 너덜겅의 그 늙은 배암 같은 소나무 징한 뿌리를 떠올릴 수밖에.

담장을 훌쩍 넘어선 잘생기고 늠름한 소나무가 엄마보다 먼저 나를 맞는다. 앞뜰을 온통 차지하고 들앉은 키 큰 소나무는 언제나 위세가 당당하다. 그 주변에는 엄마가 심은 장미와 능소화 그리고 키 작은 꽃들이 계절에 맞춰 번갈아 피고 지고 뒤란은 그대로 대숲이다. 옛날 혼례식의 초례상에는 소나무와 대나무를 같이 꽂았다. 송죽같이 변하지 않을 것을 다짐하고 백년해로를 기원하는 의미이다. 그러나 엄마의 대숲이 아무리 푸르게 우거져도 그 곁에 소나무는 없다. 소나무가 아무리 성성하고 푸르러도 대나무를 거느리지는 않는다. 소나무와 대나무는 서로의 푸름이 짙고 성성해서 서로를 견뎌내지 못하는 것 같다.

깐깐하고 섬세한 아버지는 죽어도 굽히지 않는 대쪽 같은 엄마의 서슬 푸름에 지레 자지러지곤 했다. 엄마는 엄마대로 용렬하여 저 아닌 것을 품지 못하면서도 높은 곳에서 위용만 부리는 아버지가 못마땅했다. 아버지 뒷바라지하느라 엄마는 늘 속이 텅 비어 휘청거렸지만, 아버지는 알아주지 않았다.

언제부턴가 시작된 곱지 않은 시선, 서로를 향한 날 선 어투, 지치지도 않고 으르렁거리는 화법! 두 사람의 시선이 만나는 곳에서는 불꽃이 튀었고 서로의 가슴으로 날리는 것은 후벼 파는 비수였다. 정수리를 태울 듯 이글거리는 말들을 쏟아내던 아버지가 자꾸 밖으로 돌게 되면서 우리 앞에 놓인 시간은 근천스러운 날들이었다.

아버지 칠순 날, 자식들의 주선으로 엄마를 만난 아버지는 내가 죄인이라며 대성통곡을 했지만, 엄마는 울지 않았다. 스스로 삶이 반듯했고 성실했으니까. 지리멸렬한 폭풍우의 시간을 버텼고, 어떤 곳이라도 뚫어서 기어이 순을 올렸던 강한 대나무였으니까. 송진처럼 진득한 눈물 콧물을 쏟아내면서 가슴을 쥐어뜯던 아버지는 해가 지자 훠이훠이 가버렸다.

소나무 머리 꼭대기까지 타고 올라간 능소화가 농염한 웃음을 흘리고 있다. 아버지에게 다녀와서도 가타부타 말이 없는 날 보고 엄마가 먼저 입을 열었다. "별말 없는 거 보니, 니 아버지 한고비 넘겼나 보네. 그럼 됐지."

　올곧지 않은 생의 근처에 자신과 자식들을 놓지 않았던 강직한 성정, 그럼에도 그리움의 부스러기를 버리지 못한 여린 품성도 함께 가진 엄마가 참 안됐다. 그런데도 마음과 달리 어깃장을 부린다. "엄마, 저 능소화는 참 자발스럽기도 하네. 소나무는 또 뭐 한다고 자꾸 커지지? 저러다 담도 부수겠다. 둘 다 치워버리고 밭이나 갈아먹읍시다." 내 말뜻을 아는지 모르는지, 엄마가 피식 웃었다.

　"니 아버지 보고 오더니 맘이 복잡한가 보네. 근데 말이다. 분한 마음이 미움과 만나면 그게 참 쉽게, 거칠게 가지를 치고 뻗어나가는 법이거든. 질긴 뿌리가 되어서 칭칭 감아버리면 어떻게 살겠냐. 어깨에 매단 자식이 주렁주렁한데 나쁜 기억과 미움만 담고 어떻게 살아. 그럴 새도 없이 살았어. 난 저 소나무도 정말 좋다. 듬직하게 날 지켜주는 것 같거든. 능소화도 그렇고 작년에는 소나무 꼭대기까지 올라가던 장미가 얼마나 예쁘더냐."

　허무를 씹어 삼켜야 하는 인생이어도, 어제도 오늘도 내일도 언제나 그 시작의 마디를 딛고 일어섰던 엄마. 당신에 대한 의리는 아버지를 미워하는 마음보가 아니라 그런 아버지라도 오련하게 담고 있는 엄마를 있는 그대로 존중하는 마음일 것 같다. 그러면 이제 나도 저 소나무를 힘껏 껴안을 수 있을까?

잠

 엄마 집으로 가는 길, 손에 닿을 듯 숲이 가깝다. 햇살이 차창을 찌르는데도 숲에서 불어오는 바람은 싱싱한 날것의 향기를 그대로 풍긴다. 좋다. 우리는 낯선 이 시골에 늙은 엄마 혼자 놔두고 당신이 좋아서 한 선택이니까, 쉽게 잊고 이내 편해졌다. 때로 찔렸는데 공기도, 풍광도 좋아서 다행이다.

 다 같이 모여 밥이나 한번 먹자더니 정작 엄마는 자고 있다. 갓난아기처럼 두 팔을 머리 위로 올리고 나비잠을 잔다. 한밤중도 아닌데 빤히 들여다봐도 모를 만큼 귀잠이 든 엄마는 푸푸, 코까지 골고 있다.

 엄마가 이렇게 푹 퍼져 정신없이 자는 것을 본 적이 없다. 아니 평생에 단잠이란 걸 자보기나 했을까? 하고 싶은 일, 해야 할 일이 너무 많아 늘 동동걸음이던 엄마. 꽃을 팔아 우리를 먹이고 가르쳤고 당신도 부지런히 배우고 익혀서 꽃꽂이와 다도 선생님도 되었다. 그런데도 엄마는 또 새로운 뭔가를 하느라 늘 돈과 시간에 쫓겨 살았다. 꿈을 꾸기 위해 잠을 잘 수 없는 엄마, 그래서 우리까지 힘들게 만드는 엄마를 도무지 이해할 수 없었다. 열망이 없으면 고민도 서러움도 없을 텐데, 나이가 들어서도 속절없는 희망의 속성을 포기하지 않는, 하룻밤에도 한 뼘씩 자라는 풀포기처럼 싱싱하고 질긴 엄마의 꿈이 정말 싫었다.

하지만 엄마의 꿈을 말 그대로 꿈으로 끝나게 만든 것은 우리 자식들이었다. 애면글면 사는 자식들을 더 두고 볼 수 없던 엄마는 당신의 평생을 토막 낸 뒤 시골로 들어갔다. 그리고 우리는, 시골에서 사는 게 꿈이었다는 엄마의 말 한마디에 시골행을 말리지 못한 미안함과 이기심을 쉽게 정당화해 버렸다.

자꾸만 까라지는 엄마를 억지로 깨워 점심을 먹었다. 밥을 넘기면서도 엄마는 졸다가 굶다가 다시 까라졌다. 엄마! 정신 좀 차려봐. 소리치면 엉, 그래. 내가 왜 이러지? 했다가 또다시 바닥에 코를 박으며 내내 까라졌다. 딸네들은 그런 엄마 옆에서 맛나게 옥수수를 먹으며 엄마의 잠을 수닷거리로 삼아 떠들어댔다.

잠을 자는 이유는 여러 가지가 있지만 가설일 뿐, 아직 그 이유를 명쾌하게 설명하지는 못한다는 내 말에 큰동생이 받아쳤다. 혹시 몸살인가? 아프면 오래 자잖아. 에너지를 절약해서 우리 몸을 보호하려는 거지. 아예 의식을 잃고 혼수상태에 빠져버리는 것도 일종의 보호 작용이라던데? 그도 그럴 것 같다고, 다들 고개를 끄덕일 때 나는 어떤 작가 이야기를 꺼냈다. 잠이 어찌나 많은지 제사를 모시러 갔다가 잠을 못 이겨서 어른들 몰래 책상 밑에 들어가 자버린 작가 이야기에 동생들이 웃었다. 근데 나중에 그 작가가 무슨 병에 걸려서 고생하다가 죽었다는 기사를 봤어. 그때 그런 생각이 들더라. 그렇게 잠이 많았던 게 체질이 아니라 병 때문이었나 보다고.

무심히 던진 내 말에 갑자기 수다가 딱 끊기면서 무거운 정적이 흘렀다. 그리고 우리는 동시에 벌떡 일어났다. 눈꺼풀이 달라붙은 엄마가 그냥 좀 놔두라고 기운 없이 말했지만 우리는 서둘러 집을 나섰다. 차를 돌리느라 돌아보는 눈으로 배롱나무 붉은 꽃잎들이 훅, 들어왔다. 너무 눈이 부셔 눈물이 나왔다.

병원에서 진료 순서를 기다리는데 큰애한테서 전화가 왔다. 언제 오느냐고 묻는 아이에게 늦을 거라고, 할머니의 잠에 대해 주절대니까 아이는 한숨으로 대답을 대신했다. 계속되는 불면증 탓이리라. 새벽까지 뒤척이다 겨우 풋잠을 자는 아이의 핏발 선 눈을 볼 때마다 안쓰럽고 막막하다. 원하던 대학에 가지 못한 아이는 내내 가슴앓이를 하더니 결국 자퇴를 하고 말았다. 다시 입시를 준비하면서 같은 실패를 되풀이할 수 없다는 절박감 때문에 자지 못하고 그게 또 불안한 아이. 오늘도 잠이 오지 않을까 걱정하면서도 또 마음 놓고 잘 수도 없는 아이의 한숨이 아팠다. 내 여생의 잠을 뚝 떼어 아이를 재울 수만 있다면 얼마나 좋을까.

피곤이 누적된 것 같다는 게 의사의 소견이었다. 어쩌면 평생의 피곤이 누적된 것인지도 모른다. 늘 여읜 잠만 잤던 엄마는 이제 아기처럼 우리에게 온몸을 맡겨놓고 단잠을 잔다. 잠결에도 북북 긁어대는 엄마. 당신의 평생을 내어주고 마음의 정처를 잃었을 엄마. 혼자서 마음 다스리면서 자식 앞에서는 늠름하게 웃느라고 진이 빠진 걸까? 새소리도 좋고 매미 소리도 맑고 쩌렁쩌렁해. 텃밭에 있으면 하루가 금방이야. 정신없이 살다가 얼마나 좋은지 몰라. 엄마는 입만 열면 후렴처럼 읊조렸지만, 그것은 자신에게 거는 최면일지도 모른다. 오늘은 그 최면조차 서러워 저 무의식의 세계로 가고팠던 것일까?

드디어 엄마가 정신을 차렸다. 긴 여름 해가 뉘엿이 넘어가는 꽃밭에 나와 쪼그리고 앉아있다. 그 옆으로 개구리가 느린 눈을 끔벅거리다 뭣을 봤는지 꽈리 눈이 되어 잽싸게 뛰어간다. 엄마가 손바닥만 한 맨드라미를 가리키며 말했다.

"여기가 흙이 촉촉해서 저 살기 좋을 것 같아 옮겨줬더니 뿌리 내린다고 시들시들 마르더라. 작은 풀포기도 저 살던 곳에서 옮기면 저리 생몸살을 앓는가 봐. 그래도 생생하게 살아나서 대견스럽네."

　웅숭깊고 뜨거운 속을 가졌지만, 겉이 차가워 딸네들 가슴을 많이도 아리게 했던 멋없는 엄마. 채워지기도 전에 자꾸만 비워내야 했던 당신의 삶이 허기졌는지도 모른다. 엄마의 살을 파먹고 자라는 자식들은 제가 파먹은 살은 아랑곳없이 엄마의 허기만 탓했다. 이제야 알겠다. 엄마의 꿈보다 더 질긴 자식들이 엄마의 가슴팍을 쳐대는 밤마다 엄마는 자지 못하고 꺽꺽 울고 있었음을.

　내 눈 속에서 엄마의 얇은 어깨가 뿌옇게 흔들리고 있다.

집

 음식물 쓰레기통 위에 올라탄 고양이는 미동도 없이 나를 노려보고 있다. 붉은 석양빛이 녀석의 부풀어 오른 등으로 싸한 쇠 비린내를 풍기며 흐른다. 쓰레기봉투를 든 채 멈칫거리는 나의 두려움을 녀석은 진즉 알아채고 있다. 투명한 녹색 눈은 나에 대한 최소한의 경계도 담지 않았다.
 왜, 너나 나나 집 없긴 마찬가지라고? 이 나이에 집 없는 설움을 고양이로 확인하다니, 나도 참 한심하다. 하지만 여전히 한 발짝도 떼지 못한다. 녀석이 거만한 자태로 내려와 느릿느릿 저편으로 사라진다. 마지못해 쓰레기통에서 내려온 것은 이 아파트에 침입자로 있는 동안 저 나름의 생존 방식일 뿐, 새로운 세입자에 대한 배려는 아니다.

 할머니의 집은 병상 아래 벽 한 귀퉁이 보호자 간이침대다. 거기서 밥을 먹고 잠을 잔다. 밥그릇이 있고 옷 보퉁이가 있다. 벌써 수년째 의식이 없는 아들의 병상 아래서 살고 있다. 병원 규정상 정해진 기한이 차면 아들을 이끌고 다른 병원으로 갔다가 해가 바뀌면 다시 이곳으로 돌아온다. 할머니 아들은 대학교수였는데 한창 왕성하게 활동하던 사십 대 중반에 쓰러져 지금까지 혼수상태다. 백약이 무효하고 그사이 손자와 며느리가 떠났다. 봉양을 받아도 시원찮을 나이에 얼마나 힘들까만, 할머니는 눈이 마주칠 때마다 싱그레한다. 수술을 앞둔 아이 때문에 병원에서 출퇴근해야 하는 내 사정까지 봐준다. 간병인이 오는 시간과 출근하는 나 사이의 시차는 할머니 덕에 가볍다.

열다섯 송이는 집에 들어가지 않은 지 사흘째다. 꼬깃꼬깃, 얼룩진 교복을 보고 알았다. 가출 이력이 열 손가락으로도 모자랄 판이니, 학교라도 나와주는 게 어디이랴 싶기도 하다. 저대로 놔두지 말라고 몇 번이나 아이 아버지에게 말했지만, 며칠 지나면 제풀에 들어오니까 그냥 내버려두라고 한다. 이젠 포기 상태라고, 오죽하면 그러겠냐고 오히려 나한테 하소연이다. 아이의 새엄마는 내 전화번호를 알고 따돌린다. 다른 사람의 전화를 빌려서 겨우 통화가 되었을 때, 그녀는 아이에 관한 건 남편이 알아서 할 거라고만 되풀이했다. 부모가 자식을 모른척하면 그 아이를 받아줄 세상이 대체 어디에 있단 말인가. 내가 아이에 대해 잘 모르기 때문에 그럴 거라 여기는지 송이가 그간 저지른 잘못을 들춰내려고 한다. 알고 있다고 잘라 말하고 아이가 집에 들어가지 않으면 더 나쁜 짓도 할 수 있다고 덧붙인다. 배제당한다는 건 어른에게도 상처가 된다. 하물며 어린 것이 부모한테 배척당하는데 뭔 짓을 못 하겠는가. 다리가 부러진 것이라면, 목뼈에 금이 간 것이라면 치료해 주지 않았을까?

"말끝마다 나가라고 하는데 어떡해요." 아이에게 집은 돌아갈 곳이 아니라 하염없이 밀어내는 곳이다. 송이는 잠잘 곳을 찾아 거리를 헤매다 게임방에 가거나 병원 응급실로 숨어든다. 비어있는 노인정 문을 따고, 경비가 허술한 아파트의 옥상을 찾아 올라간다. 그곳이 아이에겐 집보다 포근하고 맘 편한 곳이다. 춥고 배고파도 재미있단다. 퇴근길에 송이를 집 앞에 데려다준다. 다짐도 받는다. 오늘은 꼭 집에서 자겠노라고. 늘 그렇듯이 아이는 순하게 고개를 끄덕인다. 하지만 내 차가 사라지고 나면 막창집으로 아르바이트하러 갈지도 모른다.

서둘러 병원으로 향하는데, 이제는 옛집이 된 집주인에게서 문자가 왔다. 우편물 좀 찾아가라고, 마음대로 처리할 수도 없고…. 점, 점, 점으로 끝나는 글자는 불편한 심사를 고스란히 드러내고 있다. 어쩔 수 없이 떠나야 했던 옛집과 마주해야 하는 건 나로서도 피하고 싶은 일이지만 답을 보낸다. 바로 우편함을 비우겠다고, 이제부터는 신경 쓰지 말고 그냥 처리하시라고.

　아는 얼굴과 마주칠 새라 우편물만 후다닥 꺼내 돌아서는데 우편함에 붙은 야광별이 반짝 빛난다. 우리 아이들이 붙여놓은 걸 아직 떼지 않았나 보다. 나도 모르게 깊은 한숨이 나온다. 대체 무엇이 잘못된 걸까? 반짝반짝 빛나게, 반들반들 살뜰하게 가꿔온 시간이었는데. 어쩌면 앞만 보고 달렸던 그 성실한 삶이 너무 여물고 단단해서 꿈이 끼어들 여지가 없었는지도 모른다. 언제부턴가 돈 잃는 건 아까워 어쩔 줄을 모르면서도 내 꿈을 잃어가는 것에는 신경 쓰지 않았다. 내 꿈이 무엇이었더라? 이런 삶이 정말 내가 원하던 것이었나? 문득문득 물음이 화급한 발목을 잡을 때마다 멈춰서서 답을 구하기보다는 아파트 평수 늘리는 데 더 열을 올렸다. 언제부턴가 뾰족하게 누르던 마음의 불편함은 굳은살이 되고 꿈꾸기보다는 외면하는 게 더 편했다. 그렇게 우리는 허방에 빠지는 줄도 모르고 빠져들었나 보다.

　서쪽 하늘에 어둠별이 떠오르자, 곳곳에 휘황한 불들이 켜지기 시작한다.

　오늘도 병실 할머니는 아들의 팔다리를 주무르고 꼼꼼하

게 닦아주면서 두런두런 이야기를 들려주고 있다. 바스러질 것 같은 흰 머리카락이 흘러내리는 이마 위로 땀방울이 맺힌다. 입원실 안으로 햇살 한 줌이 들어와 할머니 얼굴을 비춘다. 가장 구석진 할머니 집까지 이르려면 다섯 개의 병상을 넘어야 하는 햇살이 할머니 주름살을 민들레꽃으로 만들고 있다. 말수 없는 양반이 퇴원 준비를 하는 우리 아이 손을 잡고 웃으며 말한다. "학생, 힘들었을 텐데 잘 견뎌 줬네. 아무리 아파도 고칠 수 있다면 그게 축복이란다. 그래도 이젠 더 아프지 마, 알았지?"

까칠한 아이도 할머니 손에 잡힌 제 손을 그대로 둔 채 다소곳이 고개를 끄덕인다. 할머니가 아들과 함께 당신의 집으로 돌아가기를 기도한다. 쪽잠이 아닌 편한 잠을 자길 바란다. 그렇지만 그게 아니어도 할머니가 불행하지 않다는 걸 안다. 어떤 경우에도 할머니는 아들과 함께하는 그 삶을 포기하지 않을 테니까.

"아, 그만 좀 물어요. 이제 정말 집에 잘 들어간다니까요." 귀가를 확인하는 내게 송이가 불퉁거린다. 고등학교 들어가면 아빠가 미용 학원에 보내주기로 했다고, 그래서 정신 차릴 거니 제발 그만 좀 물어보라고 퉁명스럽게 답한다. 그래도 막대 사탕을 주면 어린애처럼 좋아한다.

저것 봐! 이사 온 지 몇 달이 지났어도 여전히 고양이들 때문에 음식물 쓰레기통으로 가지 못하는 나 대신 앞장서던 남편이 말한다. 봄이 오기 시작하는 화단에 새끼부터 큰 고양이까지 다섯 마리가 옹기종기 모여 햇살 바라기를 하는 중이다. 녀석들은 내게 서늘한 눈빛을 쏘아대던 그 얄밉고 무서운 모습이 아니다. 털도, 꼬리도, 눈빛도 얌전하게 내린 채 서로 품을 파고들거나 함께 등을 맞대고 앉아 꽃처럼, 나무처럼 봄을 보고 있다.

불을 켠다. 이제 안다. 부모가 친 대형 사고 때문에 너무 많은 것이 바뀌었는데도 원망하지 않고 있는 그대로 현실을 잘 받아들이는 우리 아이들, 어쩌면 절망이 더 쉬울지도 모르는데 꿋꿋하게 견뎌내는 남편. 같은 공간에서 우리가 함께하는 이제야말로 정말 좋은 집을 가졌다는 것을.

지붕

 한 남자가 지붕 위에서 일하고 있다. 아직은 매운바람 부는 춘분날 아침이다. 남자가 땅, 망치로 지붕을 내리친다. 튕겨간 바람이 나뭇가지를 흔든다.
 구립도서관 3층 열람실 창에서 내려다보이는 상가는 한창 봄맞이 행사로 단장 중이다. 지붕 위의 남자는 꽃샘바람을 뜯어내면서 일하고 도서관 안의 사람들은 태반이 일터를 꿈꾸며 책과 씨름 중이다. 지붕 위의 일은 남자의 꿈이었을까. 일을 꿈꾸는 이 사람들은 저 지붕 위의 일을 할 수 있을까?
 언젠가 후배와 나눴던 대화가 떠오른다. 30대 중반의 그는, '할 수 있을까' 또는 '해볼까', 그런 것 생각하지 않는다고 했다. '해야만' 하기에 의구심 따위 던져버리고 출근한다. 그는 내게 되물었다. "많이 배우지 못한 우리 할아버지도 나보다 적은 나이에 장가를 가서 울 아버지를 낳고 잘 살았는데 많이 배운 나는 왜 아직 결혼할 엄두도 못 내는 걸까요?" 그런 그에게 욕심을 버리라고, 눈높이를 낮추라고 말하지 못했다.

  일을 하지 않고는 살 수 없는 세상이라지만 죽어라 일만 해도 살기 힘든 시대이기도 하다. 도서관을 둘러본다. 행복한 책 읽기는 별로 없다. 태반이 취업 또는 재취업 준비생들이다. 옆자리 중년은 공인중개사 강의를 듣는다. 이어폰을 낀 그의 눈에는 눈곱이 달려있다. 자주 자리를 비웠고 돌아오면 담배 냄새가 난다. 이 중년도 언젠가 저 지붕 위의 시간을 차지할 수 있을까?

  남자는 맞배지붕 꼭대기를 타고 앉아 연장으로 여기저기 두드린다. 무릎걸음으로 지붕면 위를 살금살금 다니기도 한다. 그가 열심히 지붕을 기고 있는 것은 지상으로 안착하기 위해서일까? 지붕 위의 일에서 떨어지지 않으려는 걸까. 그가 연장을 두드리거나 지붕 위를 기어갈 때, 그 행위는 충실해 보인다. 그렇다면 이 시간은 그의 마음을 만족스럽게 채우고 있을까. 자신을 위해, 또 누군가를 위해 보람의 시간을 만들어가는 걸까. 저 남자는 결혼했을까, 아이를 낳았을까?

  어릴 때 교회당 지붕 위에 올라간 적이 있다. 한동안 주말이면 친구들이랑 교회 이 층에서 놀곤 했다. 그러다가 누군가 이 층 창을 통해 지붕에 올라갔고 두어 명이 따라갔다. 햇살에 달궈진 기왓장 위로는 키 큰 오동나무에서 떨어진 보랏빛 꽃송이들이 새들새들 말라가고 송충이들이 지붕 위를 기어다녔다. 우리는 여기저기 새똥이 내질러진 지붕 위에서 저만치 보이는 항구를 구경했다. 선착장의 선박에서 하역하는 사람들이 바쁘게 움직였다. 마침 그 옆으로 한 떼의 거지들이 구걸하며 지나갔다. 그때 누군가가 제법 어른처럼 말했다. "일 안 하면 거지 돼."

어른이 되어서 지붕 위에 올라간 적은 없다. 엄마는 빗물 새는 지붕을 뭔가로 덮기 위해, 태풍에 넘어진 TV 안테나를 세우기 위해 지붕에 올라가곤 했다. 그리고 마침내는 스스로 지붕이 되었다.

온몸으로 바람과 빛살을 받으며 지붕 위에서 일하는 저 남자도 누군가의 지붕일 것이다. 지붕은 각다분한 하루하루를 세우고 끌어안는 존재다. 남루한 생을 모여들게 하고 그러모으는 고운 일이다. 지붕 아래 깃든 숨탄것들을 오롯이 안전하게 덮어주고 가려주는 보호자다. 세상에 널려있는 파랑으로부터 우리를 지켜주고 품어주는 일이다.

일은 생존이고 삶을 지탱하는 바탕이다. 그러므로 우리는 어쩔 수 없이 일을 하게 되고, 해야 한다. 일 자체를 좋아하는 사람들도 있을 것이다. 그러나 대다수 사람은 일에 구속되는 것도, 일에 매몰되는 것도 싫어한다. 일은 우리에게 무언가를 꿈꿀 수 있는 심리적, 물리적 여유를 줄 수 있지만 일에 치여 정작 꿈꾸고 누릴 시간이 없다. 일을 하고 받는 보수는 선택적 자유를 보장한다. 그래서 일을 하지만 사람들은 일하지 않아도 살 수 있는 자유를 꿈꾸지 않는가. 일은 나의 정체성을 확인해 주고 자존감을 높인다. 하지만 경쟁 구도 속에서 자존과 자아를 잃기도 한다. 일을 함으로써 세상에 소속되고 균형을 맞추고 사회적 가치를 창출한다. 그렇다고 일이 나의 가치와 존엄도 균형 있게 맞춰줄까?

언제까지 일할 수 있을까. 언제라도 하고 싶을 때 일할 수 있을까. 이 순간에도 수많은 사람이 간절하게 취업에 도전하고 밥그릇을 지키느라 안간힘 쓴다. 그리고 그 한편에서는 일을 그만두거나 파면과 권고사직을 당하고 실업이 양산되고 폐업으로 애태운다.

사는 곳이 신축 아파트 단지라 매일 공사 소음이 들려온다. 부수고 짓고 올리는 일들이 쉼 없이 이루어진다. 삶을 세우기 위한 노력이지만 새 건물벽에는 늘 임대 문의 종이가 파들거리며 붙어있다. 빈 건물이 채워지는 건 거의 볼 수 없다. 그러는 동안에도 여전히 건물은 올라가고 한쪽에서는 업종이 바뀐 간판을 다시 올리고 파업의 간판을 내리기도 한다.

저 남자는 오늘 지붕에서 내려오면 내일 다시 올라갈까? 아니, 올라갈 수 있을까? 지붕이 그의 일터인지는 알 수 없다. 정규직이 아닐지도 모른다. 오늘 하루 지붕을 고치고 청소하기 위해 일시적으로 고용되었을 수도 있다. 어쩌면 그에게는 지붕에서 내려와 땅에 섰을 때가 더 위험한지도 모르겠다. 지금 남자는 지붕의 구멍을 메우고 고치면서 그의 성실한 하루를 깁고 있다. 건물에 들어서는 고객의 안녕을, 그리하여 자기의 일을, 그리하여 딸린 식솔들의 안녕까지를 기워서 삶을 세우는 중이다.

도서관을 나온다. 남자는 아직 지붕 위에 있을 것이다. 지붕 위의 잡동사니와 눅눅하게 썩어가던 낙엽들이 그의 손 아래 얌전히 모이는 걸 보고 나왔다.

이제 나는 땅에서도 떨어진다는 걸 안다. 밥줄에 매달린 삶터는 흔들리는 것이니까. 지상이건 지붕이건 휘몰아치는 온갖 바람에 간당간당, 두렵고 아찔한 순간이 얼마나 많은가. 생의 나날, 어느 한순간도 무섭지 않을 때가 있던가.

어미와 아비의 지붕이 어찌 뜨겁지 않을까. 떨어지고 날릴지라도 그들은 말할 것이다. 여기가 봄이라고. 봄을 나누는 날이다. 각다분한 삶의 무게를 떠받치고 있는 지붕 위로 따뜻한 볕이 한가득 쏟아지길 바란다. 누군가를 보듬고 지켜야 할 삶들이 저 지붕의 시간을 함께 나눌 수 있기를.

숲을 읽다

고목의 옆구리에 새로 난 연초록 가지는 이제 막 들여놓은 신간이다. 새로 틔운 눈에서 자라난 싱그러운 잎이 바람에 찰랑일 때, 늙은 소나무 정수리에 매달린 연두색 솔방울들이 햇살에 반짝일 때 나는 신간의 날 선 내음과 마주할 때처럼 설렌다.

신간에서는 갓 켠 톱밥 냄새가 난다. 숲의 신간 목록은 내가 모르는 제목일 때가 더 많지만 그중 하나, 천천히 페이지를 넘기면 마음이 아늑해지고 초록의 향기가 차오른다. 어디 신간만 있으랴. 날마다 가는 도서관이어도 거기에 있는지도 몰랐다가 무심코 빼든 오래된 책 앞에서 나는 어느새 붙박이가 된다. 늙은 나무들의 너울거리는 팔에서 문득 찾은 목록들도 새삼스러운 즐거움을 새록새록 안겨준다. 한참 만나지 못했던 친구를 우연히 만났을 때처럼 묵은 해후가 기쁘다.

도서관 창문만 열면 숲이 보이고 숲의 나무들도 도서관

안을 들여다본다. 숲을 바라보아도, 숲에 있어도 언제나 숲의 책들은 충만하고 영롱하다. 꽃집 주인처럼 신간 목록을 한 아름 안고 와서 세워도 보고 눕혀도 보고 아이들도 부르고 싶다. 한번 가져간 신간이 아이들 손에서 돌고 돌아 좀처럼 도서관으로 오지 않을 때 나는 행복하다.

나무의 시간을 생각해 본다. 그 옛날의 아이들 그리고 그 아이들의 아이들이 이 학교를 거쳐가는 동안, 이 숲 또한 푸르게 울창해졌으리라. 해마다 신간이 들어와 서가를 채울 때마다 숲의 나무들도 늘어났을 것이다. 작은 싹이 조금씩 몸피를 불려 우람한 나무가 되었고 그 나무들은 도서관 서가의 책들을 만들어냈다. 해마다 책이 넘쳐나도 여전히 아이들은 책을 읽지 않지만, 이 아이들이 어른이 되는 시간을 생각하면 신간 목록을 작성하는 나의 손은 더 오래 생각하고 더 신중하게 살피게 된다.

국어 시간, 책의 숲에 모여든 아이들은 딱따구리처럼 시끄럽다. 숲에서 시를 쓰는 일이 공부하지 않는 즐거움인 양 재잘거린다. 아이들은 듣지 않아도 숲의 풀과 꽃들은 까치발을 하고 도서관을 향해 귀를 쫑긋하고 있을 것이다. 어쩌면 늙은 나무도 허리를 잔뜩 구부리고 도서관의 아이들을 볼지도 모른다.

책과 숲이 있어 지난한 시간을 견뎌낸다. 고단했던 순간들, 어깨를 짓누르는 삶의 무게들을 털어놓는다. 숲의 나무들은 큰 가지를 너울거리며 나의 어깨 위로, 위로가 담긴 책장을 넘겨준다. 웅숭깊은 눈으로 내 가슴을 쓸어주고 손을 잡아준다.

 숲은 사람들이 맡기고 간 저마다의 마음들로 목록을 새긴다. 서걱거리는 마음보도, 화들짝 피어나는 마음보도 있다. 장한 마음보도, 뾰족한 마음보도 있다. 숲은 그 마음들을 청량하게 씻어 바람에 말리고 격려와 위로의 문장을 새긴다. 그래서 또 다른 사람들이 정처 없이 찾아들면 목록의 한 페이지를 열어준다.

 목이 긴 짐승처럼 길게 자란 소나무는 서가 가장 높은 자리에 들앉아 손이 가지 않는 국어대사전 같다. 근엄하지만 쳐다보고 있으면 맑은 기운이 몸속으로 스며든다. 그 아래 구불구불, 키 낮은 소나무들은 아무 데나 뒹굴다가 손에 잡히는 시집처럼 친근하고 포근하다. 솔갈비를 헤쳐보면 애처로운 고개를 발딱 쳐드는 손바닥만 한 아기 소나무와 만나기도 한다. 가벼이 내 손바닥 안에 들린 시집을 팔랑팔랑 넘기면 푸른 솔향기가 날린다. 소나무가 있는 곳에선 다른 풀이 자라지 않는다고 해서 그 아래를 살피는 버릇이 생겼다. 그러나 내가 본 숲속 소나무들은 언제나 풀과 다른 나무와 공존한다.

아이들이 걸음을 멈추고 귤빛으로 물든 나뭇잎을 줍는다. 어디, 어디. 달려들어 만지작거리더니 이내 시들해졌는지 던져버린다. 아이들의 마음을 훔치는 만화책처럼 환하게 물들어 우리를 설레게 하는 단풍은 추위에 대비하느라 나무가 자기 몸의 수분을 줄여서 생기는 고통의 결과다. 나무의 겨드랑이에서 태어나 나무의 발밑으로 돌아가 기꺼이 자양분이 되는 대견한 나뭇잎을 주워 책갈피에 끼운다.

책의 숲에서 헤매는 아이들은 숲의 도서관에서도 정처를 모른다. 석이가 이제 막 읽으려고 다가간 고목의 뻥 뚫린 옆구리에서 온갖 벌레들이 우르르 나타나자 깜짝 놀라 도망친다.

나는 이 아이들의 서툰 발걸음, 채 여물지 않은 낯가림이 좋다. 자기가 읽고 싶은 책도 고르지 못해 걸핏하면 물어보고 소곤소곤 수다를 떨어대지만 뭐 어떤가. 도서관에서 정숙하게 책만 읽기를 원하지는 않는다. 그럴싸하게 독후 활동을 꾸며대기를 바라지 않는다. 둥둥 떠다니는 햇살 속에서 책 넘기는 소리가 사각거리고 아이들이 바스락대는 소리, 봉숭아 씨앗 같은 웃음소리가 더 크게 울리길 바란다.

숲의 목록들은 스스로 자라고 피어난다. 아이들의 마음결도 스스로 자라야 한다. 나무들은 뿌리를 내릴 흙과 나뭇잎이 먹어야 할 햇빛을 얻기 위해 서로 다투기도 하지만 어우렁더우렁 함께 나눠야 같이 살 수 있다는 걸 안다. 볕이 쏟아질 때 조각보 무늬의 반짝임이 숲 안 가득 출렁이는 것은 나무들이 햇빛의 틈을 열어주기 때문이다. 키 큰 나무들은 자기 발꿈치 아래서 순하게 참으며 기다리고 있는 작은 나무와 풀을 위해 살짝 몸을 비튼다. 가지에 어긋나게 잎을 달고 그 사이로 빛살이 가게 한다.

목록을 몰라도 좋다. 몰라서 물어보고 호기심으로 떠들어대면서 갈팡질팡, 우왕좌왕하다 보면 그런 숲의 배려를, 마음을 저절로 보게 될 것이다. 그들의 서툰 발걸음들이 하나하나 모여 저도 모르게 숲에 길을 내주게 될 것이다. 숲의 숨통을 틔워주고 바람길을 만들 것이다.

아이들은 또래끼리 부대끼며, 경쟁하지만 다투지 않는 나무처럼 자라야 한다. 성적 지상주의, 왕따, 학교 폭력은 여전히 우리의 화두이고 아픈 현실이다. 스마트폰의 성곽 안에 갇힌 아이들이 책에서 미래를 읽을 수 있기를 소망한다. 우리의 질문에 최선을 다해 답하는 평생 스승, 책과 숲에서.

아이들이 책 속에서 놀고 숲을 읽어야 마음이 자라고 숲 또한 생기 있게 살아난다. 누구에게나 가리지 않고, 언제나 공평하게 생기와 위안을 주는 숲의 도서관에서 나도 누군가에게 한 모숨의 마음이 될 수 있으면 좋겠다.

가락바퀴의 꿈

 셀 수 없이 많은 날이 지나갔다. 천팔백 년의 깊은 잠을 깨워줄 누군가를 기다리며. 어둡고 찬 겨울의 시간을 견디게 해주는 것은 눈 속에서도 꼿꼿하게 푸름을 준비하는 새싹들, 손톱보다 작고 여린 싹이 가장 먼저 땅을 뚫고 나가면서 건네는, 그렇다. 희망 때문이다. 퀴퀴한 냄새와 큼큼한 발효의 끝자락에서 풍겨오는 후덥지근한 날들은 또 어떤가. 그것은 건실한 농부의 호미질처럼 누군가의 손길이 우리의 깊은 잠을 깨우리라는 믿음이 있기 때문이다.

 그러나 때때로 기다림도 허망하고 희망도 부대낀다. 문득 붉은 녹을 꽃처럼 달고 있는 쇠칼이 한숨을 내쉬며 말한다. "강대하고 화려했던 시절이었지. 핏줄이 불끈불끈 꿈틀대는 팔뚝으로 뭐든 할 수 있었던 그 시절이 가끔 꿈에 보이네." 나도 '조문국' 시절의 꿈을 꾸곤 한다. 젊은 부부의 집에서 실 잣는 도구로 살았던 그때를 말이다.

 아낙은 짐승 털이나 조라기 같은 걸로 실을 자아냈다. 조라기는 삼 껍질의 부스러진 오라기들을 말한다. 아낙은 '가락바퀴'인 내 몸통의 구멍에 막대를 넣어 고정하고 짧은 섬유들이 끊어지지 않고 단단하게 연결될 수 있도록 한 방향으로 계속 나를 돌려줬다. 그러면 섬유가 늘어뜨려지는 순간 꼬이고 동시에 감기면서 실을 뽑을 수 있다. 긴 섬유는 꼬임만 주어 실을 만들었다. 그렇게 만든 실로 그물코를 꿰고 천을 짜서 옷을 지었다. 사내는 삼을 베어 말리고 강에서 물고기를 잡았다.

나는 그 시절의 푸른 강과 수풀과 쪽빛의 하늘을 기억한다. 나의 축이 돼주었던 막대는 부식되어 흔적 없이 사라졌고 아낙의 가족은 인골로 남았다. 무상한 세월이어도 풀내와 흙내의 기억은 아련하게 남아있다.

의성의 금성산은 한반도 최초의 화산이다. 이 산과 마주선 비봉산 굽이진 산기슭 사이로 맑은 계곡이 흘렀다. 아낙의 가족은 계곡을 따라 펼쳐진 땅 '다하'에서 살았다. 그들은 물의 소용돌이, 바람의 회오리, 조개의 나선형 문양이 새겨진 기와집을 꿈꾸며 부지런히 일했다. 노을 지는 강가에서 비봉곡을 노래하는 평화로운 저녁이면 어린 자식들은 조문금 12현을 퉁기는 시늉을 하면서 웃었다. 화평한 나날이었고 화목한 가족이었다.

나를 돌려 실을 잣고 뼈바늘로 옷을 지어 칼바람 몰아치는 날을 견뎠고, 쨍쨍 땅을 달구는 햇발을 피했다. 그래서 날 내려간 걸까? 그들은 사후의 세계에서도 나의 쓰임을 생각했을까? 아니면 순장을 당한 아낙의 손에 쥐고 있던 서러움이었을까.

언제부터 긴 잠을 자게 된 것인지는 알 수 없다. 홀연 나는 묻혔고 사람들의 살과 피, 나무와 철의 부식을 지켜보았다. 외롭고 쓸쓸하고 무료했다. 우리의 깊은 잠을 밟고 인류는 발전과 변화와 전쟁과 평화를 반복해 왔다. 우리의 무덤 위로는 숲과 돌밭과 흙길이 생겼다. 그리고 1960년 불현듯 부신 빛살이 뭉텅이로 쏟아져 우리의 깊은 잠을 깨웠다.

한 가족이 한창 박물관을 관람 중이다. 듬직하게 생긴 아버지가 잘생긴 아이들에게 조곤조곤 설명한다.

"조문국은 삼한시대 금성면을 중심으로 지금의 의성 땅을 지배했던 고대 소왕국이지. 강력한 고대국가를 형성하고 21대 왕 369년 동안 왕조를 유지하다가, 신라 9대 왕 벌휴 이사금 2년, 신라에 복속되었어. 금성면 대리리, 탑리리, 학미리 일대에 남아있는 374여 기의 고분을 통해 존재가 알려졌단다."

"여기 개 뼈도 있어요. 너무 신기해요. 기르던 개를 같이 묻었을까요? 인골이 여러 개 같이 있다는 건 순장을 의미하는 거겠죠?"

"그렇겠지. 대리리 2호분 A-1호 주곽과 부곽, B-1호 부곽에서 순장이 확인됐다고 하더라. 여기 있는 인골 좀 봐라. 어른 둘 사이에 아이 두 명이 있는 걸로 봐서 가족 같구나. 개 뼈나 동물 모양 귀항아리는 동물희생의례가 있었다는 걸 보여주는 거란다."

저 아비의 말처럼 인골은 아낙의 가족이다. 나도 같이 부장품으로 묻혔다가 여기 전시된 것이다. 부자의 대화를 흐뭇한 얼굴로 바라보던 여인이 내 앞에서 멈춘다. 대개는 흘낏 보고 지나치는데 물끄러미 나를 들여다본다. 그 눈길에 가슴이 두근거린다. 여자가 찬찬히 명찰 패를 읽는다.

"가락바퀴? 가락…. 반지는 아니고. 이게 바퀴라고? 이렇게 작은 걸 어디다 굴리지? 이것도 대리리 고분군에서 발굴된 거네."

여인의 말에 아이들과 남편이 다가와서 나를 살펴본다.

"가운데 구멍이 있잖아. 거기다 실을 넣어서 베를 짜는 것 아닐까? 이런 걸 여러 개 베틀에 쭉 매달아서."

나는 베를 짜는 게 아니라, 실 잣는 도구라고 외쳤지만, 여인은 사내의 말에 바로 수긍하는 것 같다. 그 가족들은 어깨를 나란히 하고 발걸음을 옮겨 간다. 조금 아쉽기는 하지만 그래도 기분 좋다. 작고 평범한 나를 궁금해하는 사람도 있다니. 사람들은 대부분 금동관이나 금동제 귀걸이 같은 화려한 장신구 앞에 몰려들곤 하니까.

가끔 생각했다. 평범한 아낙의 손에 있던 내가 왜 저들과 같이 묻혔고 다시 이 박물관까지 온 걸까? 나는 위세품도 아니고 의례를 치르기 위한 제물도 아니고 그저 실을 잣던 도구인데. 박제된 시간의 깊은 우물에서 나를 길어 올려 이렇게 유리 상자 안에 전시하는 이유가 뭘까?

어? 다시 여인이 보인다. 종종걸음으로 다가와서 나를 찍는다. "박물관 학예사님이 실 잣는 도구라고 하네." 여인이 가족들에게 말한다. 아득히 먼 시대에 살았던 어떤 여인도 가락바퀴로 실을 만들고 그 실로 가족들의 옷을 지었겠지? 가장 원시적이고 단순한 형태의 도구, 이 평범하게 생긴 작은 물건이 시대와 신분을 막론하고 인간에게 꼭 필요한 의복의 실마리였다는 게, 아득한 신석기시대부터 이 가락바퀴를 사용했다는 게 신기해. 가락바퀴 이야기를 쓰고 싶어. 여인이 꿈꾸듯 나를 들여다본다. 문득 설렌다. 나도 꿈꿀 수 있을까? 누군가의 눈에, 마음에, 머리에 담기는 꿈을?

나른한 봄날이 가고 있다. 오늘은 단체 체험 활동인가 보다. 왁자하다. "저것 봐, 귀걸이야. 저런 걸 하고 다니면 무겁겠다." 아이들 말에 귀걸이가 새침해서 입을 삐죽인다.

"와, 쇠칼이다. 너무나 멋져." 아이들이 유리 벽에 얼굴을 대고 떠든다. 칼이 문득 위세를 떤다. 아이들은 무심결에 나를 지나 황금 왕관 앞에서 목을 빼고 있다. 그 여인이 생각난다. 나를 썼을까? 잊었을까? 부대끼던 희망이 여리여리한 기다림으로 피어난다.

밤의 박물관이 깊어간다. 개의 뼈가 부스스 몸을 일으킨다. 보름인가 보다. 시퍼런 달빛이 흘러넘쳐 서늘한 향기가 박물관을 싸안는 날이면 개는 척추뼈를 곧추세운다. 그런 날이면 사내도 아낙과 아이를 깨워 그의 팔에 안고 노래를 부른다. 아낙은 나를 꺼내 실을 잣는다. 우리는 추억이라는 옷을 지어 서로의 등뼈를 따뜻하게 덮어준다.

산수유나무 아래서

 무엇에 뒤틀렸는지 휙, 돌아서 버린다. 산 중턱에 나만 두고 남편은 성큼성큼 잘도 내려간다. 올라갈 때는 숨차다고 쉬고, 무릎이 시큰거린다고 주저앉더니 저 혼자 내려갈 때는 날래고 씩씩하다.

 등산객이 곁눈질하며 비껴간다. 내 사정을 알 리 없건만 속상한 마음보에 창피함까지 더해지니 머리가, 가슴이 활활 타오른다. 사람들의 발걸음이 잦은 산이라 특별히 위험할 건 없지만, 핸드폰조차 없는 빈손이니 답답하다. 그걸 모를 리 없는 남편이 안 하던 짓을 하니 참 모를 일이다.

 이마를 스치는 명주바람은 화창해서 더 쓸쓸하다. 남편과 같이 걸을 때는 잘 들리던 숲의 수다도 멈춰버렸다. 꽃과 나무들은 뾰족한 가시를 들이밀고 마음은 덤불 같다.

 늘 그렇듯 주말의 새벽, 우리는 같이 걸었다. 새 생명이 움트는 봄날에 쓰러져 있는 나무, 돌보지 않는 무덤, 비움과 채움에 대해서 이야기했다. 주억거리고 맞장구도 쳤는데, 그의 설파 어느 지점에서 내 울분의 씨방이 팡, 터졌을까. 애써 가라앉혔던 아이 생각이 가슴을 들이박으며 불쑥 튀어나온 것이다. 한번 입 밖으로 꺼내놓자 멈출 수가 없다. 집을 나가서 소식이 없는 게 남편 탓만 같아 쏟아낸 원망의 정점에서 불꽃이 일었겠지. 그렇다고 이 산중에 아내를 버려두다니. 항상 묵직하게 제자리에 있는 나무 같은 사람이라 여겼다. 삼십 년을 살았어도 알아야 할 게 남았다니 기묘한 일이다.

빽빽한 나뭇가지에 가려진 하늘에서 새들의 울음소리가 들려온다. 새는 보이지 않는다. 보이지 않는 울음이 소름이 되어 등줄기를 타고 내려간다. 혼자 가버린 그를 혼내기 위해 기필코 길을 잃고 말 것이다. 후회하게 만들 테다. 자식 잃고 아내까지 잃어보라지, 입을 앙다문다. 낯익은 길을 두고 옆으로 샌다. 남편은 아마 체육 시설쯤에서 기다리고 있을 것이다. 욱하는 성미지만 이슬 시간도 안 되어 풀어지는 사람이니까. 그래도 하마하마 기다려 보라지.

도통 사람들이 보이지 않는다. 수풀을 헤칠 때마다 다리에 감겨오는 느낌이 서늘하다. 산짐승의 눈이 따라붙는 것 같아 무섭다. 얼마나 걸었을까? 저만치에 묵정밭이 보인다. 작은 등불 같은 꽃을 달고 지친 나그네를 밝혀주듯 산수유 나무가 서있다. 산길이 끝났나 보다. 울컥 서럽고 반갑다.

이제 살았다.

  산수유나무 아래서 한숨 돌리고 보니 나무줄기가 온통 껍질이 벗겨져서 너저분하다. 노랗게 활짝 핀 꽃과 꽃망울이 무색할 정도다. 언제나 내가 본 것은 노란 꽃과 붉은 산수유 열매뿐이었나 보다. 이렇게 남루한 몸피를 가진 나무인 줄 몰랐다.

  건드리기만 해도 툭, 떨어져 버릴 것같이 꺼칠꺼칠한 껍질에서 남편의 모습을 본 것은 왜일까? 가까이에서보다 멀리서 보는 것이 더 예쁜 산수유꽃은 집 나간 아이 같다. 아이의 머리, 귀, 가슴에 남은 상처의 흔적처럼 생겼다. 비로소 남편의 감정선 어디를 건드렸는지 알 것 같다. 건강한 몸을 주지 못해 미안하다고 수술실 앞을 서성이며 부들부들 떨던 그의 구부정한 어깨가, 그 떨림이 전해온다.

  아이는 스무 살이 되던 해, 종양을 제거하는 머리 수술을 시작으로 2년 사이 귀와 가슴 등 세 차례의 수술을 했다. 급성 수두증이 왔을 때는 황망한 남편이 119를 부를 생각도 못 하고 축축 늘어지는 아이를 둘러업고 무작정 뛰기부터 했다.

  살려만 달라고, 내 여생을 뚝 떼어서 아이의 생에 붙여달라고 빌고 뒹굴 때는 진심이었지만 다시 돌아간 일상에서 우린 서로에 대한 소중함을 너무나 쉽게 잊었다. 이거 해라, 저거 해라. 네 간병을 어떻게 했는데, 상처가 아물어가는 만큼 잔소리도 늘어만 갔다.

서로의 등 뒤에서 서성대던 시간은 따갑고 아팠다. 투병과 수술과 입원이 되풀이되면서 살아가는 일이 고통이고 그 고통은 나눠 가질 수 없는 거라 느꼈는지 아들은 가족의 관심과 간섭과 사랑을 다 거부했다. 누구의 탓도 아니었다. 다들 잘하고 싶었지만, 그 마음들이 서투르고 급해서 서로를 향해 날을 세우고 혹독하게 데이던 날들이었다.

어느 날 남편은 그만 집을 떠나라고 아이의 등을 떠다밀었다. 아이의 순간순간이 애달파서 참 많이도 울었다. 그도 어느 시린 밤 울었을까? 어쩌면 문 뒤에서 아무도 보지 않는 밤 홀로 울었을지 모른다. 이제 문 뒤에서 아버지의 고함이 잦아들기를 기다리는 아이가 아니라 어느 틈에 훌쩍 커버린 청년이 되었다는 게 대견하고 고마우면서도 자기 손을 떠난, 떠나보내야 하는 시간이 외로웠을지도 모른다. 그도 한때 아이처럼 뜨거운 날들이 있었다. 열꽃처럼 피어나던 그 뜨거운 열기는 이제 누런 진물이 되어 곳곳에 눌어붙은 늙은 아비가 되었다.

산수유나무는 올해 새로 핀 노란 꽃 사이사이, 작년에 맺은 자주색 마른 열매를 매달고 있다. 그가 산수유를 떨어뜨리지 못한 것은 아직도 줘야 할 사랑이, 전해줄 이야기가 남아서 눈보라 견디며 봄까지 기다린 것은 아닐까?

아비들이 수많은 갈등과 힘듦을 겪으면서 한세상 건너오는 동안 아이들은 훌쩍 커서 저들의 세상을 견고하게 만들어가고 꽃과 열매에 취해도 아비의 남루한 생은 들여다보지 않는다. 나 또한 언제나 산수유를 얻기 위한 아비로서의 책무만 볼 뿐 그의 너덜거리는 맨발은 보지 못했다. 남편의 시간이 애달파서 운 적도 없다.

왜 자식을 떠나보냈을까? 이제야 그 마음의 깊이를 들여다본다. 나무를 떠난 씨앗이 싹을 틔우고 꽃을 피우고 나무로 자랄 확률은 한 가마니의 씨앗 중 겨우 한 줌 정도라고 한다. 고통도 저를 키워주는 힘이라는 걸 보라고, 냉혹한 사회에서 푸른 나무로 자랄 수 있도록 준비하라고, 싹을 틔울 수 있는 알맞은 곳을 스스로 찾으라고 보낸 것이다.

그는 말하고 있다. 너무 오래 땅속에 있지 말고 움터야 한다고. 험한 세상 구석구석에서 똬리를 틀고 있는 짐승의 시간을 견뎌야 한다고. 그리고 힘들 때 아비가 있다고, 너덜거리는 비듬 조각을 털어내면서 이곳 묵정밭에서 널 기다리고 있다고. 못다 한 그 말을 하려고 쭈글쭈글해진 산수유를 떨어내지 못하고 해사한 봄날 등불처럼 피어날 꽃을 기다리고 있었나 보다.

갑자기 맘이 급해져서 사방을 둘러본다. 그리고 남편의

향방을 가늠하며 뛰기 시작한다. 그의 외로운 아우성에 이번에는 나의 손을 얹을 시간이다.

연리지

 숲의 목록은 유장하다. 알차고 감각적이다. 퍼덕이고 달리고 기는 숨탄것들과 머물고 흔들리며 흩어지는 자연이 서로 어울려 푸르른 서사를 짓고 다듬고 완성한다. 함지산 망일봉을 펼친다. 밑줄을 치며 혼자 읽어도 좋고 너와 나란히 읽어도 즐겁다. 읽다가 접어 두고 다시 꺼내도 새롭다.

 너와 내가 만나서 우리라는 숲을 만들자고 식목일에 결혼했다. 자늑자늑 걸어가며 만드는 우리의 서사는 푸를 것이라 자신했다. 사랑이라는 이름의 탐색기가 짧지 않았다. 인정할 것과 포기할 것에 대한 분별력도 있었다.
 산등성이에 걸린 시린 달빛과 봉우리의 환한 빛살이 우리라는 숲의 시간을 키웠다. 새순이 움트고 꽃눈이 벙싯대는 시간이 지나갔다. 나뭇가지가 햇귀를 찌르면 잎새에 신록이 번지는 나날들이 좋았다. 꽃잎이 떨어진 자리에 바람이 머물다가 열매를 두고 갔을 때의 기쁨은 또 어떻고. 덤불에 깃든 겨울새가 문득 작은 날개를 펴고 조잘대면 숲은 깨어나 다시 부지런히 봄을 길어왔다.

　사랑의 지속 시간과 서로를 향한 기울기는 얼마일까. 숲의 목록에 삐거덕 소리가 났다. 개성과 차이라고 존중하고 인정했던, 뿌듯하고 화사한 시간이 가고 나니 서로의 다름이 지겹고 불편하고 고까워졌다. 침엽수와 활엽수의 차이만큼이나 다른 성격과 습관들이 불쑥 튀어나왔다. 버성긴 틈으로 질긴 덩굴이 촉수를 뻗어왔고 거친 잡목이 슬그머니 들어섰다. 어느 결엔가 그것들은 숲을 뒤덮었다. 나무를 타고 오르면서 숨통을 조였고 발치를 흔들어댔다.

　서로를 찬탄했던 시간의 비늘이 떨어지니 말간 속살 대신 툭 불거진 심줄만 드러났다. 너와 나, 숲을 읽어내는 방식도, 감상의 결도 어찌 그리 다른지. 읽어낼 양과 목표를 정하면 길고 어려워도 성실하게 수행하는 나, 해찰하지 않고 해독하려고 애쓴다. 너는 두서없이 마음 가는 곳을 찾아 읽는다. 딴청을 부리거나 샛길로 빠진다. 흔들리는 작은 꽃망울에 마음을 빼앗기고 어디선가 들려오는 새소리를 평가하느라 페이지를 넘기지 못한다. 읽다 말고 숲을 덮은 적은 얼마나 많은가. 바람이 산을 흔들어 깨우고 비가 온산을 적시면 너도 흔들리고 스며든다.

나는 너의 변화무쌍함과 낭창거림이 마땅치 않다. 너의 말들은 귀찮고 이파리들은 수상쩍었다. 진득하게 매달려 있지 않고 헤픈 웃음처럼 가벼이 날리는 너는 물들고 물들였다. 흘러넘치는 배려는 덩굴에도, 잡목에도 기꺼이 곁을 내주며 수시로 바스락거렸다.

너는 나의 편협함이, 서슬 푸르게 정색하는 아집이 기가 찼겠지. 쓰러진 나무를 타고 넘어서라도 기어이 읽기의 목적을 달성하려는 나의 전진에 혀를 찼다. 한때는 뚝심으로 읽던 나의 성정을 융통성 없는 용렬함으로 치환하면서.

내가 더 이상 피고 지는 꽃의 소식에, 나무의 안부에 설렘도 없이 묵묵히 걸어만 갈 때, 운치 좋은 쉼터에서 나누는 한잔의 커피를 경제적으로 환산하며 고개를 저을 때, 너는 나의 무심함에 넌더리 났을까. 너의 감성에 공감하는 누군가가 그리웠을까. 너는 돌아섰고 숲을 접어버렸다.

너의 읽기는 끝났고 책등에 먼지만 쌓였다. 네가 떠난 숲은 시간도, 계절도 멈췄다. 짓무른 눈두덩이 같은 꽃잎이 떨어졌다. 나뭇가지는 툭툭 제 모가지를 꺾었다. 나 혼자 걸어와야 할 봄은 저만치서 아득했다. 너는 숲이 아니어도 휘황하고 반짝이는 세상이 참 좋았나 보다. 너는 열매고 잎이고 가장이까지 다 내주었다. 세상에서 불어오는 바람의 힘은 그렇게 기묘한 걸까. 아무리 옷을 벗기고 흔들어 재껴도 바람의 정체를 알지 못한다. 아니다. 어쩌면 너는 인정하기 싫었는지도 모른다. 쓰러지지 않고 맨발로라도 겨울 산의 시린 흙을 꼿꼿하게 다시 움켜쥐려면 모른척해야 했겠다.

오늘의 목록은 함지산 연리지다. 나를 된비알에 고꾸라지게 한, 면목 없는 너는 책등의 먼지를 털고 책을 펼친다. 우리는 나란히 숲을 걷는다. 머리로는 알 수 없다. 겨울 산의 나목이 되는 한이 있어도 네가 당당하게 서기를 바라는 것은 사랑일까, 동지애일까. 아니면 오랜 시간에 대한 도리일까. 너를 본다. 통증이 끓는 무릎을 두드리며 찬찬히 숲을 읽는다. 너의 허연 이파리가 바람에 흔들린다.

푸르른 숲의 바탕체에 넙데데하게 자리한 굴림체 바윗돌에 앉아 책갈피를 끼우고 잠시 책을 덮는다. 가풀막에 뿌리를 내린 소나무가 힘겹게 비탈을 부둥켜안고 있다. 식물의 뿌리가 땅속을 파고들지 않는다면, 흙은 바닥에 붙어있지 못하고 바람에 떠다닐 것이다. 뿌리가 흙으로 들어가서 빈자리에 공기를 넣어줘야 흙은 딱딱하게 굳지 않는다. 부부도 부둥켜안고 서로의 빈자리를 숨결로 채워주는 존재 아닐까. 그러나 무엇을 알고 깨닫는 시간은 혹독한 파랑의 과정을 거쳐야 한다. 쿰쿰한 발효의 시간을 담보한다.

"저것 좀 봐." 너의 손가락을 따라간다. 구부정한 어깨를 늘어뜨린 얇은 몸피의 활엽수 한 그루가 45도로 기울어진 소나무를 지탱하고 있다. 저보다 몇 배 굵은 소나무가 쓰러지지 않도록 제 몸을 둥글게 구부려 다 내어줬다. 순간, 가슴이 저릿해진다. 너를 이해하는 나의 관대함이 우리의 목록을 채워가는 줄 알았다. 너와 내가 함께했던 숲의 시간을 잊었다. 함께 뿌리고 가꿔왔던 시간이 우리의 시린 발치에서 기어이 다시 피어난다는 걸.

 언제나 나는 같은 크기의 맞꼭지각을 원했다. 서로의 정수리를 맞대고 반듯한 균형만 유지하려고 했다. 생의 목록이 어디 반듯함만으로, 균형만으로 채워질까. 부러지고 휘어지다가 둥글어지고 휘돌아 감기도 하는 법. 숲을 읽으면서도 어우러지는 숲을 몰랐다.

 날카로운 각을 버리고 둥글게 싸안아 서로의 생을 지탱하고 있는 저 숲의 연리지. 말간 마음으로 너의 손을 잡는다. 오래된 나무 하나가 날 향해 해사한 웃음을 뿌린다.

가볍거나 무겁거나

 어둠이 바림질을 시작한 하늘은 서서히 푸른빛을 버리고 맑은 먹빛으로 물든다. 그 정갈한 담묵화에 달이 떠오르고 두어 개 별이 깜박이면 천변 광장에서는 에어로빅이 시작된다. 수십 명, 사람들이 다 같이 팔을 뻗친다. 같은 듯 다른 모양새이다. 달이라도 딸 듯한 기세로 허리를 비틀며 손목에 바운스를 주는가 하면 시계추처럼 한 발을 땅에 고정하고 팔만 휘두르기도 한다. 하늘을 향하는 그 손들은 허공의 공기를 팽팽하게 당겨 들숨, 날숨을 만든다.

 머리 위로 펼쳐지는 저마다의 손은 떼 지어 나는 작은 새들의 날개처럼, 허공을 날다 떨어지는 낙엽 비처럼 허허로운 여백에 무늬를 그린다. 튀어 오르는 공이 되어 짊어진 짐을 힘껏 퉁겨 가벼이 날려버리는 시간이다. 밤의 천변에서 벌이는 에어로빅은 하늘과 공간과 땅을 흔들어 어둠의 빛깔을 덮어쓴 물상들이 여전히 살아있음을 증명한다. 하루의 흔적들로 꽉 찬 공간에 숨통을 터준다. 천변의 풀과 나무, 물과 돌과 벌레들은 땅을 밟고 굴리고 차오르면서 만나고 보듬고 어우러진다.

경쾌한 음악이 바람에 섞여 흐른다. 사람들은 모였다가 다시 흩어지고 줄을 맞췄다가 흐트러뜨린다. 너와 나는 앞과 뒤에서 서로의 등과 배를 보고, 보이면서 스텝을 밟는다. 양옆으로 어깨를 세우고 서로의 옆구리 살도 슬쩍 훔쳐보면서 괜히 안도의 웃음을 날리기도 한다. 오늘도 어김없이 반대로 돌고 마는 그녀의 미간에는 사뭇 진지한 주름이 잡힌다. 말하지 않아도 이야기가 흐른다. 각을 맞춘 군무처럼 절도 있거나 아름답게 흐르는 춤 선 같은 건 없다. 그저 질박한 몸짓들이 달빛을 흔들고 열기를 내뿜고 생생한 기운으로 살아있는 것들을 흔든다.

에어로빅은 여럿이서 함께하지만, 협력과 결속을 바탕으로 하는 단체 운동이 아니다. 무리가 같이 있어도 혼자 하는 운동이고 혼자여도 같이 하는 운동이다. 저마다의 인생길, 각자 걸어가면서도 주변과 보조를 맞춰주는 어울림이다. 광장에서의 에어로빅은 기교와 세밀함을 요구하지 않는다. 단순하고 집약적이다. 그래서 집중의 힘을 준다. 그 안에 내재한 강한 에너지를 발현한다. 직선의 뻗침에서는 힘이 나오고 둥글게 안는 곡선은 순발력을 채워준다. 강함과 부드러움이 어우러져 몸짓을 만들고 선과 리듬이 만나 동작을 완성한다. 심장을 펌프질해서 무거움도 살랑, 공기처럼 가벼이 흩날리게 한다.

 달밤에 많은 이들이 모여 함께하지만 큰 뜻을 은유하지도, 목적의식을 함유하지도 않는다. 화려한 치장도, 화장도 없다. 우아하지도, 우울하지도, 흐느적거리지도 않는다. 관능과도 거리가 멀다. 담박하고 거칠고 우직하다. 흥이 넘친다. 평범하고 상투적이다. 땀내가 나고 날것의 육성이 존재한다.

 때로 묻는다. 가치 있는 삶이란 무엇일까. 우리의 삶은 꼭 가치 있는 것이어야 할까? 존재 이유를 피력하고 유의미한 뜻을 세워가며 살아야 하는 걸까? 또 묻는다. 가치의 기준은 뭘까. 어쩌면 나는 의미 없는 흔적에 자꾸 의미를 새기려 하는 건 아닐까. 천변의 에어로빅은 일상의 모습 그대로 족하다. 오늘을 열심히 살아가면 된다. 흙길이어도 괜찮다. 가볍거나 무겁거나 그냥 가면 될 일이다. 잘난 것도 없이 혼자 저벅거리는데 또 둘러보면 어우렁더우렁 함께 걸어가고 있다. 조금 삐뚤고 엇박자이면 어떠리.

 달빛이 따뜻하게 흐르는 밤의 운동은 마음을 둥글게 말아준다. 설령 누군가 지각을 하고도 주춤주춤 앞줄로 들어와 떡하니 서도 뒷줄 사람들은 아무도 탓하지 않는다. 그 누군가는 고개를 돌려, 남편 밥 챙겨주고 설거지까지 하느라 늦었다고 변명처럼 웃는다. 수십 년이나 밥을 챙겨줬으면 제 손으로 밥도 만들겠건만, 한 줄 서사에서 살아온 내력을 짐작한다. 그녀의 시린 등에 제각기 자기의 삶을 투영하며 그랬구나, 고개를 끄덕인다. 같이 웃어준다. 이백 년 전에도 그대를 속였던 삶이 지금인들 솔직할까. 동서고금을 막론하고 일관되게 뒤통수치는 바다 같은 삶 따위, 뚝기로 박차고 뛰어오르면 되는 거라고 그렇게 웃어버린다.

 나라고 처음부터 그랬을까. 내가 짊어진 짐이 제일 무거운 법인데, 쉬웠을까? 강박은 열등을 낳고 열등은 과함을 낳는다. 젊은 시절에는, 아니 더 어릴 때부터 맏이라는 이름이 어깨를 짓눌렀다. 스스로 그랬고 가족들도 운운했다. 뭐든 잘하고 싶고 인정받고 싶었다. 그릇은 작은데 담아야 할 게 많았다. 소나기처럼 느닷없이 닥친, 낭떠러지의 시간이 그대로 질척대는 우기로 이어질 때도, 햇살이 눈두덩이를 찌르는 새날마다 눈을 떠야 하는 아침이 비루하기만 하던 때도 절대로 내 실패를 인정할 수 없었다. 가족에게, 주변에 장한 모습만 보이고 싶었다. 남들 눈에 내가 어떻게 보이느냐가 너무나 중요했다. 늘 심장박동수가 빨라지고 숨이 목까지 차서 벌게지도록 뛰기만 했다. 그래서 30, 40대의 내 에어로빅은 성성한 푸성귀처럼 펄떡거리고, 싸움닭처럼 악을 써대는 거였다. 복장에 신경 쓰고 가운데 자리만 고집했다. 50대로 들어서면서 어느 순간 삶이 단순해졌다. 강박을 내려놓으니 못난 실체가 드러났고 그것도 나라는 수긍이 쉬워졌다. 내동댕이쳐질 때마다 바닥을 치고 오르는 법을 조금씩 터득했을까. 어쩌면 실내에서 천변 광장으로 나오면서부터였는지도 모른다.

갈까 말까 스텝을 하다가 발이 꼬인다. 몸이 출렁거린다. 머리는 신명이 나서 통통 뛰는데 몸은 삐거덕거린다. 균형을 잃고 콰당, 주저앉는다. 조금 민망하지만, 씩 웃고 나면 그만이다. 동작이 어려워도 스텝이 꼬여도 순서가 생각나지 않아도 시간이 흐르면 해결될 일이다. 한 곡이 끝나고 다른 곡으로 바뀌는 짧은 한순간을 둘러본다. 건강을 위해, 주체할 수 없는 에너지로, 취미를 위해 모여든 사람들의 싱싱한 숨소리가, 땀내가, 무념무상의 몸짓이 정겹다.

천변의 에어로빅은 두서없는 발걸음을 탓하지 않는다. 오다가다 아무나 그 공간에 들어오면 그만이다. 하나둘 모여 어느덧 군상을 이루다가 뒤끝 없이 헤어진다. 오늘만 사는 하루살이처럼 몰려들기도 하고 백년을 살 것처럼 달려들기도 한다. 앞줄을 차지한 고정 멤버들도 있고 아이들의 손을 잡고 오는 젊은 부부도 있다. 엉거주춤 서툰 스텝을 밟는 늙수그레한 남자도 꼭 한두 명 끼어있다.

오늘의 이들이 내일로 이어질지는 알 수 없다. 그렇더라도 이들이 땅을 당겨 만들어놓은 탄탄한 생명력의 자리를 내일이면 또 다른 누군가가 채울 것이다. 이들은 묵직한 역사를 만들지는 않지만 춤의 언어로 가벼운 삶의 서사는 만들어간다. 가볍거나 무겁거나 살아있는 통속의 이야기가 오늘도 천변의 달빛을 흔들고 있다. 따뜻하게.

수상작 및 발표작

풍락초	제5회 순수필문학상 수상 《선수필》 2024 봄 호 재수록
종자의 시간	제13회 천강문학상 우수상
어미 주꾸미	제19회 기독신춘문예당선
항아리의 힘	제15회 삶의 향기 동서문학상 금상 《월간문학》 2020년 12월 호
꽃을 세우다	2022 흑구문학상 동상
바다의 시간	제16회 해양문학상 동상
머리카락	제28회 구미문학예술공모전 금상
포란	2022 아르코문학창작기금 발표지원
자반고등어	2022 아르코문학창작기금 발표지원
가볍거나 무겁거나	2022 아르코문학창작기금 발표지원
밥	제40회 근로자문학제 동상
현관	제21회 재생백일장 차상

잠	제2회 여성조선 시·에세이 문학상 가작
산수유나무 아래서	2019 DGB대구은행 백일장 차상
마음 보관소	제26회 매일신문 한글글짓기 경북공모전 차상
당신의 소나무	제32회 매일신문 한글글짓기 경북공모전 대상
나무의 내력	제24회 농민신문 전원생활 수기공모 최우수상
땀내	2018 나의 멘토링 이야기 공모전 당선
천변 산책론	《수필 오디세이》 2024 여름 호
달을 따는 시간	《월간문학》 2023년 1월 호
숲의 시간	《삶의 향기》 2021년 3, 4월 호
보리와 덩굴장미	《여성조선》 2013년 2월 호